KB153408

2019. 11. 4 ~ 12. 07

# 까미노 여행 스케치

글, 그림  이레이다

세상에서 제일 못난 짓을 마구잡이로 할때마다,
가혹한 세상을 향해 절규 할 때마다,
옆에 있어준 고마운 사람.


**"지혜야, 너 하고 싶은거 다해. 꿈이 자꾸 바뀌는건**

**니가 그만큼 고민을 많이한다는 증거야.**

**절대 이상한게 아니야. 실패 할 수도 있지.**

**나는 그냥 내 할일 하면서 니 옆에 있을께.**

**사랑해."**


힘들 때나, 못날 때나 따뜻한 말로 나를 안아주는 감사한
나의 배우자 의권희 님께 이 책을 바칩니다.

2020. 6. 08  이레이다

# [작가소개]

## 지은이, 그린이
|||||||||||||||||||||||||||||||||

## 이레이다

　2016년 건국대학교 회화학과를 졸업했다. 학교를 나와서도 작가가 되겠다는 꿈을 접지 않고 계속해서 그림 작업을 이어갔다. 학교에는 공동작업실이 있어서 큰 그림이든 작은 작업이든 마음 편하게 그릴 수 있었는데, 학교를 벗어나니 공간을 찾는 것부터가 벽이였다. 그림을 그리려면 작업실이 필요했고, 내 방과 작업실을 동시에 가지는 것은 불가능했다. 그렇다 보니, 방은 유화 냄새로 가득 찰 수 밖에 없었다. 나는 부엌에 이불을 펴고 잠을 자면서 그림 작업을 이어나갔다.

　아르바이트로 밥솥, 정수기, 피자집, 치킨집 등을 해서 종이 값을 벌었다. 미술학원 강사를 하기도 했지만, 그림을 가르치며 돈을 버는 것보다 몸을 움직이는 것이 마음이 편했다. 2017년 어느 날, 사랑하는 사람이 외국여행을 권했다. 돈 없고 시간만 많은 '낭만 거지'에게 해외여행이라니...! 막막했지만 한국에 있으나 외국에 있으나 입에 풀칠할 정도만 돈을 벌어 생활하는 것에는 도를 텄다.

   2017년 스페인 마드리드 3개월, 2018년 영국 런던 6개월의 장기 여행을 다녀왔다. 출발할 때 30만 원을 들고나갔고 돌아올 땐 맨손으로 왔다. 그리고 그 습성이 결혼한다고 달라지랴.
답답하고 무언가 잘못된 듯한 느낌이 들었다. 문제의 답을 찾으러 또다시 여행을 결심했다. 2019년 11월, 스케치북과 채색 도구를 챙겨 스페인 산티아고 길에 올랐다.

   현재 독립출판사 전기장판을 차렸고 계속해서 여행 스케치 기록 시리즈를 만들고 있다.

홈페이지 leidalee.com

# 1부

# Hola!

||||||||||||||||||||||||||||||||||||||||||||||||||||||||||||||||||||||

# 2부

## Buen Camino

|||||||||||||||||||||||||||||||||||||||||||||||||||||||||||||||||||||||||||||

# 3부

## Gracias!

||||||||||||||||||||||||||||||||||||||||||||||||||||||||||||||||||||||||

# 4부

## Muy Bien.

||||||||||||||||||||||||||||||||||||||||||||||||||||||||||||||||

# 프롤로그

배우자와 집을 합치면서 문제가 생겼다. 사랑하는 이와 나를 비교하는 것. 나는 사랑하는 남자와 혼인 서약을 하고 어느 순간부터, 세상에서 제일 못난 짓(자존감 깎기)을 시작했다.

그가 대학원을 졸업하고, 직장에 취업한 이후로 그의 삶과 나의 삶을 비교하기 시작했다. 그가 아침에 출근하면 나는 집에서 그림을 그리고 공부도 하는데 이상하게도 아무것도 아닌 사람이 된 것 같았다. 주변에서 나를 보면, 생각 없이 자기만 행복한 사람으로 볼까? 아니면, 돈 많은 남자랑 결혼해서, 아주 편하게 사는 사람? 미술 전공에 작가로 살고 있으면, 집에 돈이 많겠지 라고 생각할까?

Buen Camino!

　왜 이런 생각이 머릿속에서 계속되는 걸까? 계속해서 고민했다. 그리고 깨닫게 된 것이 있다. 아무 잘못 없는 그를 핑계 삼아 도망치고 있구나. 아니, 도망을 못 가서 '결혼해서 내가 이렇게 고민이 있다!'라고 핑계를 만들었구나.

　내가 만든 핑계는 참 괜찮아 보였다. 결혼하고 나는 아무 성과도 내지 않아도 되는 그냥 주부?(절대 편하지 않을 텐데.) 결혼했으니 좀 있으면 아이가 생기고, 그러면 아이를 키우느라 정신없게 살게 되겠지? 작가라는 직업, 그림 그리는 것은 태교에도 좋고, 엄마가 아이를 보는 거 너무 당연하잖아?

　...그럼 나는 작가로서, 대성하지 않아도 되는 건가? 아이를 키우는 게 행복이라고 말하던데. 그러니까...나는 그냥 때가 되면 아이를 낳고 키우면 되는 건가?... 그럼 나는? 나중에 뭐가 되지? 그냥... 엄마?

음... 내가 좋은 엄마가 될 수 있을까? 좋은 엄마는 어떻게 하면 되는 거지? 왜 나는 좋은 엄마가 꿈을 대신해야 하는 거지?...
엄마가 되는 것도 꿈이 될 수 있나?

결혼 전엔 수입이 불안했어도 그림 그리는 내 시간 속에서 행복을 찾았다. 주말에 데이트를 했었다. 미래에 대한 불안은 있었어도, 그 불안을 그림으로 그려냈다. 그리고 그리는 시간에 대해서는 걱정하지 않았다. 돈은 필요한 만큼만 벌었다(최저 생계비용). 그러다가 생각보다 이르게 결혼을 했다. 그리고 결혼 이후 나에게 이런 고민이 생길 것이라고 생각하지 못했다.

배우자와 시가, 본가에서 아이를 낳으라고 했냐고? 아니다. 아무도 나에게 아이를 낳아야 한다는 부담은 주지 않았다. 오히려 시가 어른들은 아이를 낳지 않아도 된다고 말씀해주셨다. 그때는 누군가 나의 미래, 아이를 낳고말고 문제에 한마디라도 더하는 게 너무 싫었다. 지금은 그 말을 해주신 속뜻이 무엇인지 알겠다. 그럼, 무엇이 나를 이렇게 불안하게 만드는 걸까?

아무도 나에게 너는 여자니까. 엄마가 될 거니까. 노력하지 않아도
된다고 말하지 않는데...나는 누구에게 이런 말을 들었는가?
눈을 감으면 자연스레 떠오르는 이상한 말들...

고민의 띠. 계속해서 안 좋은 생각이 이어졌다. 고리를 끊는 방법은?
딱히 방법이 떠오르지 않았다. 이런 고민을 혼자 끙끙 가지고 있다가,
도움의 손길을 요청했다. 나의 배우자에게!

너무나도 창피했다. 어떻게 말을 해야 할지 감이 오지 않았다.

**"있잖아. 내가 말이야…. 너를 질투해?"**
**"그게 말이야. 난 네가 부러워(?)"**
**"…"**

정리가 도저히 되지 않아서, 생각나는 말을 전부 했다. 오늘은 왜
불안하고, 어제는 왜 불안했고, 그제는 어땠는지 계속해서 이야기했다.

그가 딱히 번뜩이는 해답을 준 것은 아니다. 그는 단지 내 말을 경청해주었다. 따뜻한 차 한 잔을 손에 쥐여 주었다. 그리고 이렇게 말했다.

**"많이 힘들어 보였어. 힘들었구나.
그래서 어떻게 하고 싶어?"**

**"음…. 나 생각을 좀 하고 싶어. 그림도 그리고 싶고,
산리아고 순례길에 다녀올게!"**

**"잘 다녀와. 나는 행군하기 싫어."**

나는 곧장, 스페인 바르셀로나행 항공권을 샀다.

Buen Camino 2019

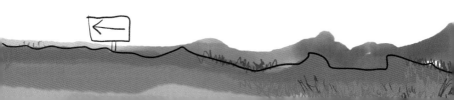

# 1부

||||||||||||||||||||||||||||||||||||

# Hola!

**_Pamplona**

## 〈순례길의 로망〉

순례길에 오른 첫날의 설렘!

1. 가방 메고 등산 스틱 양손에 쥐고, 씩씩하게 걷기

2. 스페인어로 커피 주문하기

3. 스페인 Rioja(리오하) 와인 종류별로 여러 병 마시기(한국은 비싸니까)

4. 하루 2장 이상 드로잉하기

5. 스케치북 다 쓰고 여행길에 한국으로 그림 보내기

6. 벅찬 마음으로 새 스케치북 사서 다 그려가기

글쎄…. 몇 개 해낼 수 있으려나? 하하.

언니와 나는 벅찬 마음으로 바르셀로나에 도착했다.

11월의 순례길은 비수기다. 한국에 여러 예능 속 산티아고. 그때도 한여름은 아니었다. 두근두근 딴생각하다가 비행기 탑승 시간이 다가왔다. 서둘러 라운지를 나와 비행기에 탑승했다.

앗…! 라운지에 경량 패딩과 장갑을 두고 왔다.

**'별로 안 춥겠지 뭐. 새로 산 장갑이었고, 나름 좋은 패딩이었지만.**
**걷다 보면 땀도 많이 나고, 너무 추우면 옷 사면 되지.'**

우리는 4일에 바르셀로나에 도착하여 하루를 보내고, 5일 Sants(산츠역)에서 Pamplona(팜플로나)역으로 이동했다. 보통 바르셀로나로 도착하면, 팜플로나에서 피레네로 이동하여 산티아고 순례길 프랑스길을 시작한다. 안타깝게도 11월엔 팜플로나에서 피레네로 이동하는 버스를 운행을 하지 않는단다. 버스 말고 다른 수단을 이용해서 가도 되지만, 우리는 이곳 팜플로나부터 순례길을 시작하기로 했다. 첫 숙소는 15유로였다. 숙소에서 순례자 여권도 구매했다. 그리고 첫 세뇨(도장)를 받았다.

아, 숙소라는 단어 말고! '알베르게'라고 써야겠다. 알베르게에서 침대를 배정을 받았다. 두근두근. 침낭을 폈다. 마트에서 사 온 베드버그 스프레이를 뿌렸다. 혹시 모르니까!

내일 첫 까미노를 위해 잠에 들었다.

# <처음 걸어봐서 잘 몰라요.>

　지도 없이 어떻게 순례길을 찾아 가지? 알베르게에서 나왔다. 어디로 가야 할까? 핸드폰 지도앱을 보면서 걸어야 하나? 비가 부슬부슬 내리기 시작했다. 내 핸드폰은 방수가 안 되는데… 다행히 언니 핸드폰은 방수란다. 그녀가 길을 찾았다. 앞에 판초 우의를 입고 걷는 사람들이 하나 둘 길에 보이기 시작했다. 그들은 손에 핸드폰이 없었다. 조금 걷다 보니, 바닥에 박혀 있는 조개 모양 장식과 건물 모서리에 노란스프레이로 그려진 화살표가 보였다.


　화살표와 조개를 찾는 것은 숨은 그림 찾기다. 찾으면 안보이고, 길을 걷다보면 다수 보였다. 비가 계속 내리니까, 손에 등산스틱이 불편했다. 이게 꼭 필요할까? 순례길을 걷다보면, 물건을 많이 버린다고 하는데. 기억나는 순례자의 꿀팁 중 하나가 있다.

## '무거우면 버려라!'

　일주일만 써보고, 불필요하면 버려야지. 하루 만에 깨닫게 된 사실,
등산스틱은 등산화와 같이 꼭, 필수 아이템이다!

# ⟨한국인 무리⟩


"올라! 부엔까미노"
"어?! 안녕하세요?"


순례길을 걷다가 마주치는 사람들과 인사를 나누고 응원의 한마디를 나눈다. 스페인어로 '안녕하세요'는 '올라'. 그런데, 어째 길에서 만나면 죄다 한국인 일까?!


피레네 산부터 순례길을 시작했다는 한국인 무리를 만났다. 지나가는 길에 만난 한 명 두 명의 무리들을 알베르게에서 만나게 되었다. 다들 산맥을 넘으면서 함께 다니게 되었단다. 아, 그렇구나. 하하하. 인사를 하고 방으로 들어갔다.


'드디어 누워서 자는구나. 샤워하고 싶다. 목마르다. 배고프다.'

원초적인 생각들이 연달아 떠오른다. 한국에 있는 배우자에게 안부 연락을 해야 하는데, 생각보다 너무 피곤하다. 가방이 너무 무거웠다. 종아리가 후들후들 거리고 등에 땀이 흐른다. 꼬질꼬질한 내 모습. 일단 배정 받은 알베르게 침대에 가방을 풀었다. 그리고 잠깐 누울까? 고민하던 중이였다.

### "오빠가 말이야."

익숙한 말의 시작, 외국에서 들으면 이상하게 귀에 쏙쏙 들어오는 한국어. 팔에 문신을 한 내 침대 왼쪽의 한국인 남자가 그의 일행으로 보이는 여자에게 말했다. 절~대로 들으려고 한 것은 아니었다. 그는 자신이 가진 여성상에 대하여 친절하게 설명을 했다. 요약하자면, 자기가 이 험한 세상을 살면서 느끼기를 여성은 보호 받아야 하는 존재란다. 세상이 악이 넘치고 사기꾼이 많아서, 위험이 넘치는데 여자 혼자 이런 세상에 여행 하는 것은 굉장한 도전이라고 말했다. 그리고 여자는 문신 이런 거 웬만하면 하지 않는 게 좋다고 덧붙였다. 자기가 몸에 문신이 있어서 그렇단다. 그리고 그는 이렇게 말했다.

**"근데 말이야. 너 남자친구는 있어?"**


나는 이어폰을 꺼내서 귀에 쑤셔 넣었다. 그리고 클래식 음악.
아니, 에픽하이 타블로의 노래를 틀었다.


아주 크게.


**'아, 빨리 씻고, 나의 사랑스런 배우자님한테 연락하고 자야겠다.'**

## #.Note_01
## 작가가 되면 꿈이 이뤄질 줄 알았지...

2016년 대학을 졸업했다. 1년간, 미술학원 강사, 아동미술학원 강사, 쿠* 밥솥 팔기 알바, 커피숍 알바 등을 하며 그림을 그렸다. 개인전을 열고, 한국 예술인협회 기준에 맞게 전시 이력을 쌓았다. 정식 작가 등록도 끝냈다.

2017년 한국 예술인 협회 등록 작가가 되었다. 이때부터 자존감이 떨어지기 시작했다. 나는 작가로 이름이 올라가면 화려한 작가인생이 시작될 줄 알았다... 고3, 재수생시기를 거쳐 대학에 입학한 순간, '대학은 시작이구나'하고 절망하던 것과 똑같은 기분이 들었다.

이런 젠장!

　　나의 보통날은 이랬다. 낮 시간엔 아르바이트를 하고 집으로 돌아와 그림을 그렸다. 그 당시 나는 고양이 모양 체스말을 이용하여 그림을 그렸는데, 캔버스에 배치된 체스말들은 상대를 제압하지 못하는 모양이었다. 졸병 체스 Pawn(폰)만 캔버스 앞에서 얼쩡거리고 King, Queen은 구석에 몰려 있거나 숨어 있는 그림들이 다수 그려졌다. 사람을 만나는데 소극적으로 변했다. 남자친구(현 배우자)를 만나는 시간만이 바깥세상을 구경하는 날이었다. 돈이 별로 없으니까, 일부로 사람 만나는 일을 피한 날도 많았다. 밥도 비싸고 커피도 비쌌으니까.

이런 나에게 sns 속 사진들은 환상이었다.

**"고등학교 다닐 때, 저 찐따는 또 외국에 갔구나.**

**쟤 다 성형한 건데, 티 안내네.**

**아고 저 지지배는 또 명품사서 상자랑 같이 사진 올렸구나."**


욕이 늘었다. 랩을 배워볼까?


　인정하기 싫었지만, 질투와 시기가 하늘을 찔렀다. 쟤들은 무슨 돈이 있어서 외국에 저리 나가는 걸까? 나도 외국가고 싶다... 마음이 눈물로 가득차고 온 세상이 파란 회색으로 가득찬 기분이들었다.


　부모님의 이혼 이후, 돈에 대한 이야기는 우리 집에서 금지어였다. 그러니, 해외여행 가고 싶다는 것은 가당치 않은 말이었다. 남자친구에게만 속마음을 이야기 했다. 외국은 많이 좋냐고, 유럽에 미술관에 진짜, 미술사 책에 나온 진짜 그 그림이 걸려있냐고 물었다.

"지혜야. 나는 미술 전공자도 아니였는데 정말 좋았어.

진심으로 니가 꼭 다녀왔으면 좋겠어."


"...돈이 없는데... 나도 진짜 가고 싶지...(눈물)"

# _Puente La Reina

가방끈이 무게를 담아 어깨를 누른다. 귀 바로 밑에 땀방울이 뭉쳐
목선을 따라 흐른다. 재킷 안에 입은 내의 안쪽, 온도가 올라간다. 가슴
사이로 땀이 흘러내린다. 가방이 닿아 있는 등은 축축함으로 가득했다.
터벅터벅 걸었다. 땀이 나면 재킷을 벗고 가볍게 걸으면 좋을 텐데,
계속해서 비가 내렸다가 말았다 반복이다. 땀이 나면서 몸의 온도가
올라갔다. 옷을 벗으면 춥고, 그렇다고 이대로 걷기엔 너무 더웠다. 젠장.
비가 또 내리기 시작했다.

**아~~어쩌란 거야...**

길이 계속된다. 오르락내리락, 내가 걷는 길 오른쪽 그리고 왼쪽에 도로가 보였다. 나는 계속해서 한 발씩 부지런히 움직이는데, 차 속도를 따라갈 수가 없었다.

'러닝머신 위에 있는 건가? 워킹보드 위를 걷는 중인가??
오늘 안에 도착 할 수 있을까? 근데, 몇 시지?'

'걸은지 이제 겨우 50분이 지났구나.
점심시간은 언제... 오는 거야 하하하.'

당신이 순례길에 간다면, 이건 꼭 기억하시길!

**너무 힘들 때, 시계를 보지 마시오.**

# <독일인 친구 Lisa>

오늘은 비가 안 온다더니, 비바람이 분다. 그러다가 갑자기 비가 멈췄다. 조금 걷다 보니, 작은 마을에 도착했다. 스페인엔 Siesta(시에스타)라는 낮잠 시간이 있다. 이 마을을 지나가면 시간이 2~4시가 될 것이고, 그럼 방문 할 수 있는 Bar(바)나 식당은 없겠지?

조금 더 걸어 마을 중앙에 위치한 영국풍 카페로 들어갔다. 언니와 나는 커피 한 잔을 마시면서 그림을 그렸다.

**"언니, 우리 오늘은 여기서 쉬고 갈까?"**

우리는 한 시간을 더 기다려, 알베르게 오픈 시간까지 기다렸다. 팜플로나에서 묵는 곳과는 다른 게 진짜 순례자들로 가득한 곳이다. 순례자 여권에 도장을 받고, 방으로 안내받았다. 2층 벙커베드가 4개가 있는 방이다. 창문 쪽 벙커베드는 전부 자리가 차있었다. 언니와 나는 문에서 가까운 침대로 자리를 잡았다. 식당과 화장실을 구경하고 돌아오니, 옆 벙커베드에 금발에 곱슬머리인, 여자가 앉아있었다.

**"올라."**

우리는 간단하게 인사를 나눴다. 그녀의 이름은 Lisa, 독일에서 왔다고
한다. 특이사항이 있다면, 독일 Hamburg(함브르크)의 집에서 여기까지
걸어왔단다. 그리고 내일이면 걸은지 100일 되는 날이라고 말했다.

**'나는 겨우 3일째 걸었는데, 오늘이 99일이고 내일이 100일이라고??'**

그녀는 독일, 자신의 집에서부터 순례길을 시작했단다. 독일부터 야영하면서 프랑스를 지나 스페인으로 넘어왔다고 말했다. 독일에는 집에서부터 순례길을 시작하는 사람들의 온라인 모임이 있다고 했다. 그 모임 덕분에 순례길 정보 공유가 쉬웠고, 순례자 친구를 만들 수 있었단다. 아, 그리고 그녀의 독일 친구 Stefan(스테판)도 독일 Berlin(베를린)부터 걸어왔다고 한다.

**"그 친구는 어디에 있어?"**

**"자세히는 몰라. 근데 내일 Estella(에스텔라)에 도착하면 100일 파티를 할 텐데 거기서 만나게 될 거야."**

나는 순간 한국에서 바르셀로나까지 헤엄쳐서 왔고, 걸은 지는 3일째라는 아재 개그를 하려다가... 입을 다물었다. 아…. 내가 이런 사람들이랑 순례길을 걷는 거야? 한국에서 준비를 더 하고 왔어야 했나?

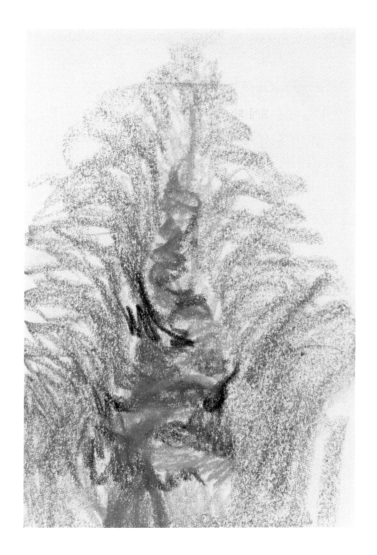

# <팬티가 바지야?>

이른 아침 눈을 뜨게 되었다. 방은 너무 작았고, 불을 켜면 모두에게 방해가 될까봐 조심스레 짐을 가지고 나왔다. 식당에서 침낭을 접고 가방을 다시 챙겼다. 다른 순례자들이 하나 둘 식당으로 나오기 시작했다. 정신없이 가방을 챙기고 있는데 바닥에 사람 그림자가 다가왔다.

**"안녕. 이른 아침인데 벌써 출발하니?"**

바닥에 첫 시선으로 맨발부터 그의 얼굴로 시선을 옮기며, 나에게 말을 시키는 사람이 누구인가 쳐다봤다. 그런데…!!! 그는 검정색 드로즈 팬티만 입고 내 앞에 서 있었다!

**'어어어?!?!?!(마음의 소리)'**

나는 놀라면 소리가 안 난다. 그저 가만히 굳어 버린다. 너무나도 반갑게 인사하는 키 크고 마른 흰 수염의 외국인 할아버지였다. 당황했지만 그의 뒤로 지나치는 팬티와 티셔츠만 입은 외국인 여자가 지나가는 것을 보고 이해했다.

'아…. 뭐라도 입고 돌아다니니까.

음…. 그래 다 벗은 건 아니잖아….

## "팬티"

가장 중요한 건 입었구나.

이런 이런~

나는 꽉 막힌 사람이네.

아하하하하하!'

# #.Note_02
# 돈이 없다고, 하고 싶은 게 없을까?

나는 그림 작가다. 그림으로는 정기적인 수입이 보장되지 않았다. 그래서 간간이 아르바이트하거나 사무 업무를 하면서 종이값과 생활비 등을 해결했다. 여유롭지 않지만 그림 그릴 시간을 확보할 수 있어 만족했다. 돈이 없어서 생기는 불편함(사고 싶은 것을 못사는 상황들)에 불편한 감정을 내려놨다.

### '나는 저 물건이 필요 없다. 필요 없다.
### 가지고 싶은 마음은 거짓이다.'

자기 최면의 효과는 아주 성공적이었다.


모두가 아는 사실이 있다. 돈이 없으면 하고 싶은 일을 하기 힘들다. 나는 돈이 없었다. (지금도 별반 다르지 않지만) 대학교 학부 2학년까진 나름 부유한 생활을 했었다. 차를 가지고 있었고, 명품 옷도 몇 벌 있었다.

배우고 싶은 것이 있으면, 고민하고 찾아보는 시간을 따로 가지지 않아도 됐었다. 학원 수업이든 강의든 일단 등록했다.

그러던 어느 날, 아버지 사업에 위기가 찾아왔다. 등록금이며, 생활비, 자취, 과제에 필요한 모든 비용을 해결해야 했다. 지금은 돈을 번다는 것이 매우 당연하지만, 그 당시엔 너무나도 급작스러운 일이었다.

1학기 등록금이 500만 원, 한 달 생활비가 50만 원 정도. 아버지의 사업 상황이 좋았을 땐, 나는 무엇이든 하고 싶은 것이 생기면, 곧바로 실행할 수 있었는데…. 너무나도 당연한 것이 당연한 게 아니었다. 처음엔 모든 것이 분노가 되었다. 이전엔 당연하게 살 수 있던 물건을 고민해야 했다. 슈퍼마켓에서 물건을 살 때, 가격을 확인하는 것도 불편했다. 이렇게 세상 물정 모르던 나, 성격이라도 착하면 다행이었겠지…. 물론, 내 성격은 불도저, 막무가내에 참을성 없는 성격이었다.

Buen Camino♪

인간은 적응의 동물이라고, 내가 그랬다. 아르바이트해서 생활비를 벌어야 하는 상황이 오니, 다행히 금방 익숙해졌다. 물건을 비교하면서 사고 뭐든 아껴 쓰는 것도 조금씩 익숙해졌다. 오직 하나, 익숙해지지 않은 것은 '하고 싶은 일'을 바로 실행할 수 없다는 것이었다.

'무엇이 하고 싶었냐고?'

과제를 하고 밤늦게 자취방으로 돌아오던 날, 길에서 낯설지만 눈이 아름답고 코가 핑크인 미모의 고양이에게 간택을 당했다. 그날부터 고양이님을 부양할 돈이 필요했다.

"고양이 한 마리 정도야 얼마나 들겠어.~"

한 달에 사료 값과 고양이 화장실 모래 값의 최저 금액은 현재 약 5만 원 선이다. 하지만 부모 마음은 다 그렇듯, 내 아이에게 좋은 것, 더 좋은 것을 주고 싶은 것이 부모 마음이라고... 고양이라고 해서 다르겠는가? 고양이의 기본 백신 접종비, 중성화 비용, 고정 사료비와 화장실 모래 등등 그리고 한 달 그림 재료비와 식자재비를 충당하기 위해 아르바이트 시간을 늘려야 했다. 시급이란 것이 매년 올라도 소용이 없었다. 한국장학재단에서 생활비 대출을 받은 것과 아르바이트로 벌었던 비용을 더해도 달마다 나가는 비용은 감당하기 힘들었다. 그래서 계속해서 고민했다. 아르바이트 시간을 늘리면, 돈을 더 벌 수 있다. 하지만 공부와 그림 작업하는 시간이 줄어들고 고양이와 함께 지내는 시간도 줄어든다. 성적을 유지하는데도 어려움이 있었다. 아르바이트 시간을 늘리는 것은 답이 아닌 것 같았다. 그래서 나는 등록금을 줄이기로 마음먹었다. 그 당시 나에게 가장 돈이 절약되는 것은 장학금을 받는 일이라는 것을 인지했다.

Buen Camino!

**"돈 문제가 생기면, 가장 크게 나가는 부분을 해결하자.**

**그러면 그만큼 여유자금이 생길 것이다."**


　매 학기 장학금을 받았냐고? 아니요…. 하지만 3학년 1학기 말부터 점차 성적이 수직으로 상승했다. 1학기에는 장학금을 타지 못했지만 2학기부터 졸업까지는 장학금을 탔다.

언니와 힘들게 도착한 Estella(에스텔라). 독일인 순례자 Lisa(리자), Stefan(스테판)의 순례자 100일이 되었단다. 식당에서 누군지 모르는 모두가 와인 한 잔 혹은 과자 한 움큼을 나누며 인사를 나눴다. 비가 오고 바람이 불어오는데, 무거운 가방을 메고 산을 오르는 것은 참 힘든 일이었다. 몸이 좋지 않았다. 배가 살짝 쿰쿰하고, 종아리가 부어올라 바지가 땡땡했다. 와인 한 잔에 통성명을 나눈 Marco(마르코) 아저씨가 물에 젖은 생쥐 같던 우리에게 다음 목적지 알베르게로 가방을 미리 보내는 Shipping Service(동키)를 권했다. 한국 사람들은 간단히 동키라고 하는 이 서비스는 5~8유로 사이에 금액을 내면 알베르게에서 다음 알베르게로 가방을 보내준다.

　다음 날 우리는 가방을 보냈다. 그리고 어제와 같은 춥고 축축한 시간을 길에서 보냈다. 마침내 도착한 Los Arcos(로스 아르코스)에서 마르코, 리자, 스테판을 만났다. 그리고 새로운 친구들을 만나게 된다. 캐나다 Anik(아닉), 이탈리아 Alexsandro(알렉산드로), 프랑스 Maelis(마엘리스)를 만나게 되었다. 알렉산드로는 요리사가 직업이란다. 그가 알베르게에서 여러 사람에게 돈을 모아 저녁 식사 장을 보자고 제안했다. 각각 2유로의 비용으로 리오하 와인과 스파게티를 먹을 수 있으니 마다할 이유가 없었다.

　이탈리아 사람들은 시간 감각이 다른 나라 사람들과 다르다고 들었던 것 같다. 순례자들은 보통 5~7시 사이에 저녁 식사를 한다. 그리고 빠르게 잠자리에 든다.


**6시.**

**6시 30분.**

**7시.**

**7시 30분….**

# 주방에 문제가 생겼나?

1층 공동 로비에서 그의 요리를 기다리다가 2층 주방으로 올라갔을 때, 끓는 물이 담긴 냄비 앞에서 파스타 면은 안 넣고 음악에 맞춰 춤을 추던 그의 모습이 아련하다. 그가 해주는 저녁 식사는 3시간이 걸렸다. 우리는 이날 10시가 되어 저녁 식사를 했다.

(순례길 꿀팁! 이탈리아 사람이 요리해준다고 하면, 옆에서 돕거나 감시할 것! 그래야 제시간에 식사 할 수 있음!!)

# &lt;Wonderful! Dagmar&gt;

　이제는 일상이 되어버린, 풀밭 위의 점심 샌드위치. 아무 표정 없이 빵을 뜯어 먹는 우리. 저 멀리서 우리를 지나쳐 가는 순례자들. 다행이다. 우리 표정이 보이지 않아서….

나무 밑에 자리를 잡고 앉아 샌드위치를 먹었다. 걷다가 카페에 들어가 커피와 간단한 요기를 하면 좋지만, 하루의 지출을 조금이라도 줄이려는 우리의 발악이었다. (물론 초반에만 열심히 샌드위치를 싸서 다녔다.)

저기 모자가 조금 특이한데? 한 순례자가 길에서 벗어나 우리에게 다가왔다.


**"올라~! 윈더풀! 점심 먹는구나!! 너희 한국인이니?"**

(물론 그녀는 영어로 물어봤다.)


　용 모양? 물고기 꼬리 모양? 의 주황색 모자를 쓰고 두꺼운 안경을 쓴 중년 여성! 그녀의 이름은 Dagmar(다그마). 순례길에 한국인이 풍년이라

많은 외국인이 동양인을 보면 으레 한국인이겠거니 짐작했을 것이다. 그러니 이상하지 않은 첫인사였다.

우리는 짧은 시간 동안 많은 대화를 했다. 자신은 독일인이고 30년 전에 자신의 아버지 공장에 일하러 온 한국인 청년과 아직도 펜팔을 하고 있다고 말했다. 한국은 자기에게 언제나 친근한 나라라고 말하는 그녀. 갑자기 애국심이 뿜뿜. 일어났다. 하하.

인연이 된다면 또 만날 것이라며 따뜻한 포옹을 하고 사진 한 장을 찍었다. 걸어온 속도와 같이 빠른 걸음으로 그녀는 떠났고, 우리는 마저 식사했다.

**"Buen Camino! Dagmar!"**

# <여행에 대한 다른 견해; 첫 충돌>

며칠 전부터 부어오른 종아리는 많이 걸어서 부은 게 아니었다. 나는 월경이 시작되기 전에 종아리가 부어오르고 손발이 차가워진다. 늦은 저녁을 먹고 왜 이렇게 힘이 든지 생각해보았다. 문득 달력을 보니, 몸의 변화가 설명되었다.

**'난 내일 걸으면 적어도 3일은 고생하겠구나.'**

본능적으로 감지했다. 걷다가 산 중턱에서 배가 아프면 큰일이고 매일 비가 오는 상황이라 마땅히 걷는 도중에 쉴 곳을 찾기 힘들 것이라는 예상을 했다. 그렇다고 이곳에서 하루를 쉬는 것도 좋은 선택은 아니었다. 그리고 예민해져서 같이 여행을 시작한 언니(Alexis)와 싸울 수 있다….

여러 가능성을 고려했을 때, 나는 내일 버스로 이동하기로 했다. 언니는 걸어가겠지? 일단 내일이 되기 전에 말해줘야지. 결정은 언니가 하는 거니까.

**"언니, 난 내일 버스를 타고 이동하려고. 내일 걸으면 몸에 무리가**

**될 것 같아. 언니는 어떻게 할래?"**

이 말이 언니를 경악시켰다.

**"나는 단 한 번도 혼자 걷는다는 생각을 해보지 않았어."**

그녀가 말했다.

# #.Note_03
# 지혜야, 넌 돈도 없고 영어도 못하잖아.
# 그러니까 외국여행 길게 가면되지(?)

남자친구는 이런 멍멍 소리를 했다. 내가 힘들다고 할 때마다,

**"너는 영어도 못 하고 젊고 시간이 많잖아."**

딱히 정해진 일을 하는 것도 아니니까 유럽 여행을 장기로 가보라고?
헤어지자는 말을 이렇게 신박하게 돌려서 말하는 건가?

나는 그때, 삐뚤삐뚤 모난 돌이었다. 그의 말을 여러 방향으로
해석했다. 그런데, 그의 말은 말 그대로의 뜻이 진짜였다.

군대 전역 후, 군인 월급을 모아 유럽 여행에 다녀온 남자친구. 그는 100일간의 유럽 여행에서 6개월, 1년 이상을 배낭여행 하는 사람이 세상에서 제일 부러웠다고 말했다.

### '그건 누구나 그렇겠지'

역시 나는 삐뚤어졌었다. 그가 말했다. 장기 여행자들은 크게 두 부류라고 말이다. 하나는 돈이 많은 사람. 두 번째는 돈이 없는 사람들. 나의 경우 후자에 속할 거라고 했다. 유럽엔 한국인을 위한 한인 민박이란 게 있는데, 거기서 일을 하면 월급도 받고 숙소도 제공되며 식사도 해결이라고 했다. 그리고 사장님과 손님들이 전부 한국인이어서, 영어를 못하는 너한테는 딱이라고. 돈 없고 영어 못한다는 말을 이런 식으로 요목조목 들으니 기분은 좋지 않았지만, 그렇다고 반박할 수 없었다.

**"계속 말해줘."**

**"별거 없어. 거기에 연락해서 일한다고 해. 그러면 쉬는 시간에 그 나라 관광하면 되잖아. 그림도 그리고 미술관도 박물관도 다 가면 되지."**

**"쏘 심플~ 그렇구나. 그러네. 그럼 나 뭐부터 해야 해?"**

**"일단 항공권을 사. 그리고 조금의 돈이랑!"**

2017년 스페인 마드리드 3개월, 2018년 영국 런던 6개월의 여행을 이렇게 다녀왔다. 스페인은 내가 영어를 못해도 전혀 문제가 없었다. 왜냐면 걔들도 영어를 못한다. 하하하.

나의 첫 유럽은 스페인 마드리드였다. 돈이 없어서 사람을 만나지 않았는데, 게스트하우스에서 매일같이 다른 사람들을 맞이했고 한국으로

돌아가는 그들에게 인사를 건넨다. 돈이 없어서 술자리도 안 가던 내가 게스트하우스 제공의 상그리아를 매일 사람들에게 제공했다.


유럽은 꿈도 못 꾸던 나는 매일 침구 정리, 게스트하우스의 화장실 청소를 끝내고 마드리드 왕궁 뒤 공원을 지났다. 저녁 식사 준비를 위해 슈퍼를 가기 위함이었다. 그리고 게스트가 없는 날은 가볍게 솔 광장을 산책하고 어떤 날은 프라도 미술관까지 산책을 갔다. 미술관도 그냥 계획 없이 갔다. 오~ 이게 고야 그림이야? 벨라스케스? 오 잘 그리네. 돈이 어디 있어서 미술관에 갔냐고? 2살 아래 동생이 아직 학생이어서 학생증을 빌려왔다. 외국인은 동양인의 외모를 잘 구분하지 못했다.


<u>P.S. 나는 3개월 동안 이지혜가 아니라 이은혜로 미술관을 갔다.</u>
<u>동생아, 졸업 미룬다고 구박만 해서 미안. 덕분에 미술관 잘 다녔다!</u>
<u>하하.</u>

_Logrno

아침 식사는 간단히 빵과 커피로 해결했다. 침묵을 유지하던 언니가 마음의 결정을 내렸나 보다. 우리는 버스를 타고 Logrno에 가기로 했다. 식사를 끝내고 거실로 나왔다. Anik(아닉)은 발목이 좋지 않은지 발 마사지를 하고 있었다.

**"아닉, 발목은 괜찮아? 많이 부은 것 같은데….**
**우린 버스 타고 갈 거야."**

아닉은 발목을 만지작거리며, 잠시 침묵하더니 같이 버스를 타고 가겠다고 했다. 우리는 버스 시간표를 확인하고 정류장으로 이동했다.
그리고 근처에 바를 찾아 그곳으로 들어갔다.


## "올라. 우노 카페 콘레체 뽀르빠보르.
## (안녕하세요. 카페 콘레체 하나 부락합니다.)"


각자 음료를 시키고 둘러앉았다. 또 비가 내린다.

## 추적추적. 샤~


다양한 빗소리. 아닉은 그녀의 고향, 캐나다 몬트리올에 대해
이야기를 시작했다. 자기는 굉장히 바쁜 삶을 살다가 순례길에 오게
되었단다. 머리도 비울 겸. 하이힐, 매니큐어, 풀 화장의 자신의 사진을
보여줬다. 몬트리올이 아니라 자기소개를 시작한 그녀. 무슨 일을
하는지는 모르겠지만 굉장한 비즈니스 우먼임을 짐작할 수 있었다.
아닉이 갑자기 언니와 나의 등산복을 보며, 얼마 주고 샀냐고 물어봤다.
한국은 등산복의 나라가 아닌가?! 우리 옷이 좀 좋아 보였나? 기분이
우쭐해졌다. 산티아고 여행 전엔 등산복의 기능이며, 가격이며 전혀 관심

없던 나였다. 근데 아닉 앞에선 한국 등산복 홍보인이 되었다. 인터넷 최저가, 이월 상품 중 가장 저렴한 것을 샀지만 이건 굳이 말하지 않았다.

아닉과 언니, 미국에서 온 한 여성의 대화는 버스가 오면서 종료되었다.

비가 계속 내렸다. 창문을 타고 흘러내리는 빗물. 오늘 걸었으면 내 등에 이렇게 땀이 흘러내렸겠지? 빨래는 오늘 안 해도 되겠다!

버스 정류장에 도착하자마자, 다들 분주하게 움직였다. 아닉은 뒷자리에서 만난 미국인 부자와 이런저런 정치 이야기를 하더니 친해졌다.

모두가 버스 밑에 보관된 가방을 찾아 분주하게 움직였다. 판초 우비도 입어야 해서 꼼지락, 부스럭거리며 옷맵시를 고치고 고개를 들었다. 오잉…? 아닉과 미국인들이 눈앞에서 사라졌다.

재밌는 얘기를 하자면, 언니와 알베르게를 정하지 않았고 버스를 타서 알베르게 오픈 시간보다 한참 전에 도착했다. 오늘은 어디서 하루를 보낼까 고민하다가, 기부제로 운영되는 알베르게로 가기로 했다.

우리가 방문한 기부제 알베르게는 성당에서 운영하는 곳이었다. 운영 방식은 이랬다. 침대를 배정받고 저녁 식사 전에 다 같이 기도를 한다. 그리고 다음 날 아침, 떠나기 전에 기부금을 내면 된다.

글쎄…. 유료 알베르게와 비교하면, 조금 더 열악한 환경이지만 색다른 경험을 할 수 있는 곳이 기부제 알베르게였다.

Los Arcos 24/1

# 〈순례자〉

　　사전적 의미로는 종교적인 목적으로 성지를 순례하는 사람을 **'순례자'**라고 한다. 나는 사실 교회나 성당에 다니지 않는다. 대외적으로는 불교라고 말한다. 대학교 다닐 때, 불교 동아리에 가입했지만 성실한 불교 신자는 아닌 편이다. 가끔 교회나 성당에 가서 조용히 기도하기도 한다. 유명한 법륜스님의 '즉문즉설'을 들으면 교회를 다니지만, 스님의 말씀이 좋아 법회를 나오는 사람처럼(?) 나도 불교인이지만, 성당과 교회에 간다. 하하.

　　나는 하느님의 가르침? 혹은 기적? 등의 종교적 목적이나 깨우침을 위해 산티아고 순례길에 오른 것은 아니다. 목적이 다르다고 해서 문제가 될 것이라고는 생각하지 않았다. 다만, 기부제 알베르게에서 만난 신실한(?) 종교인의 질문에 불편해졌을 뿐이었다.


**"넌 왜 순례길에 왔어?"**

이 질문에 나는 그냥 특별한 목적을 위해서 온 것은 아니라고 답했다. 내 대답이 그를 불편하게 만들었나 보다. 그의 설교가 시작되었다. 건강을 위해서 혹은 자기 삶의 목적, 목표를 위해 순례길에 오르는 것은 옳지 않단다. 끄덕끄덕 조금 말을 섞다가 침묵했다. 그리고 우리는 같은 방에 배정받았다. 침대는 멀리 있었지만, 식당에서 요리하는데 계속해서 다가오는 그 남자….

오…. 주여… 언니와 나는 알베르게를 옮겼다.

# <다시 만난 친구들>

하루를 온전히 쉬지 못할 것 같아서 기부제 알베르게를 떠났다. 우리의 빈 자리에 다른 사람이 들어올 테니, 담당자에게 양해를 구하고 다른 곳으로 갔다. 그리고 그곳에서 5분 정도 걸어서 도착한 알베르게에서 익숙한 목소리가 다수 들렸다.

**"씨뇨리타~ 올라~! 께딸?!!!**

**(아가씨~ 안녕~! 잘 지냈어?!!!)"**

그곳엔 리자, 스테판, 마엘리즈, 알렉산드로가 있었다. 이런 우연이!!

알베르게는 개인이 편히 쉴 수 있는 만큼 넓었고, 식당엔 다른 순례자들이 두고 간 파스타와 티백들이 있었다. 너무 배가 고파서 빠르게 스프밥을 먹었다. 그리고 저녁 식사와 다음 날 아침 식사를 위해 장을 보러 나갔다. 비가 계속 내렸다. 순례길의 아이콘 찡찡한 햇빛은 어디로 간 거니? 순례길의 겨울은 비와 우박 그리고 바람이 애브리데이 쓰리콤보다. 다행히 배드 버그에게 물리진 않았다. 겨울철 순례길의 유일한 장점은 배드 버그가 적다는 것이다. 마트에서 산 스프레이를 버리고 싶지만…. 조금 더 가지고 있다가 필요 없다 싶으면 버려야지!

오늘의 식사 시간엔 각자 요리를 했다. 저 친구들은 뭘 먹으려나? 생각하던 중, 스테판이 접시에 파스타를 담아 가지고 왔다.

**"너희도 먹을래? 파스타를 생각보다 많이 했어.
입에 맞을지 모르겠지만 먹어봐!"**

그는 채식주의자였다. 고기가 하나도 들어가지 않은 채소 가득 파스타!!! 너무나도 맛있었다. 그의 파스타엔 풍미와 신선함. 그리고 간이 잘 배어 있는 촉촉한 파스타면이 적절히 익어있었다. 초콜릿 피부색에 갈색 수염, 그리고 대머리 스타일의 그는 첫인상과는 다른 사람이었다.

**"스테판 고마워!"**

# 2부

||||||||||||||||||||||||||||||||||||

# Buen
# Camino !

_Najera

　월경…. 순례길을 걷는다는 것. 아니, 매일 20km씩 걷는다는 것. 피와 땀을 흘리며 8kg의 가방을 메고 20km를 걷는다는 것은 보통 힘든 일이 아니었다. (나는 피도 흘리며 걸었으니….) 언니가 보기에도 내가 힘들어 보였나 보다.

**"레이다! 우리 오늘은 10km만 걸을까?**

**너 몸도 안 좋고, 무리하지 말자."**

독일부터 걸어온 리자와 스테판은 항상 우리보다 늦게 출발하지만, 우리가 헥헥 거리고 쉬고 있으면 어디선가 나타나 우리를 지나갔다.

## 그래도... 기는 죽으면 안 된다!!!

우리는 둘만의 속도를 유지하며, 2시간이 지나 어느 작은 마을에 도착했다. 드디어 쉬겠구나! 서둘러 알베르게로 빠르게 걸어갔다. 헛돌 헛돌!!! 밖으로는 응원의 말을, 속으로는 욕을 했다.

## '심한 말, 무서운 말, 험한 말, 욕욕욕. 이런 더러운 물질 등등!!!! (비속어 자체 검열 중)'

비수기엔 운영하지 않는 알베르게가 다수 있다고 들었다. 그래서 현재 영업 중인지, 확인하면서 다녀야 한다고 리자가 말해줬는데…. 우리는 세 군데의 알베르게에 방문했지만 모두 닫은 상태였다. 조금 있으면 시에스타 시간인데 어떡하지? 언니와 나의 얼굴은 근심이 가득했다. 일단, 밥이나 먹자. 우린 대로변에 있는 식당으로 들어갔다.

# <세상은 좁고 순례길은 더 좁다.>

설탕 가득, 카페 콘레체를 마시고 있었다. 가방을 내려놓을 수 있다는 것만으로 힘이 났다. 커피는 두 모금 만에 끝났다. 이제 결정을 해야 한다. 이 마을 호텔에서 하루를 지내고 갈지 더 걸어 알베르게를 찾아갈지.

**"헤이~ 코리안!!"**

빨간 판초 우의를 입은 외국인 둘이 유리창에 붙어 인사를 한다. 누구지? 엇! 아닉이랑 팬티를 바지처럼 입었던 할아버지잖아?!

그의 이름은 Peter(피터). 네덜란드 사람이다. 네덜란드 사람의 특징은 키가 크다는 것과 자전거를 잘 탄다는 내 머릿속 데이터가 있다. 2018년, 영국 런던 여행을 마무리하면서 들렀던 네덜란드 암스테르담에서 수집한 데이터다. 하하. 워낙 인상이 강력했던 피터. 하얀 수염에 반은 벗어진 머리, Puente La Reina(푸엔테 라 리나)에서 아침에 팬티만 입은 체 인사를 건넸던 그 외국인 할아버지!

아닉과 피터, 언니와 나는 합석을 하고, 다 같이 점심을 먹었다.

**"우린 Najera(나헤라)까지 걸어갈 거야. 같이 갈래?"**

아닉이 말했다.

**'할아버지랑 아줌마랑 같이 가면 가는 길은 즐겁겠지?**
**좀 쉬면서 널널하게 가면 좋지!'**

라고 생각했다.

언니가 나중에 내 책을 읽게 된다면 제일 먼저 고개를 저으며 웃겠지?
하하….

# ⟨선두 지휘관 아닉과
낙오자는 용납 못하는 피터⟩

할아버지는 체력이 약하다는 편견, 아줌마는 포기가 빠를 것이라는 편견. 내가 가진 이 두 개의 편견은 오늘 깨졌다. 아닉은 비바람이 불어도 길이 가파르게 변해도 맨 앞에서 걸었다. 한 걸음, 두 걸음 걷고 그녀를 보면 그녀는 더 멀리 걸어갔다. 한 시간에 한 번, 가방에 연결된 물주머니가 비워질 때, 물을 많이 마신 그녀가 소변이 마려울 때, 그녀는 그때만 멈췄다. 적당히 낮은 나무 옆에 쭈그려 앉아 볼일을 보고 어느 순간 다시 우리 무리의 선두에 섰다. 뚜벅뚜벅. 차라리 언니와 나를 두고 떠나간다면 좋으련만…. 뒤처지는 언니와 나를 피터가 챙겼다.

아니, 양치기 개처럼

## "갈 수 있어! 코리안 영 레이디즈!"

를 외쳤다.

그나마 길 포도밭을 가로지르는 길을 걸었어서, 당이 떨어지면(안되는 줄 알면서도) 포도를 따서 먹으며 길을 걸었다.
(다행히 수확을 마치고 상품으로 만들 수 없는 열매를 그냥 두는 시기였다고 한다) 이날 포도밭에 거름도 많이 주고 포도 맛도 보며 정말 오랜 시간을 걸었다.

우리는 이날 계획했던 10km에 20km를 더하여 총 30km를 걸었다. 그리고 저녁 7시쯤, Najera(나헤라)에 도착했다.

## "오! 얘들아 안녕?!"

저기에 다그마가 인사하며 다가왔다.

## '순례길, 참 좁다.'

# <갈색 수염의 스위스 남자; David>

저녁 7시에 알베르게에 도착했으니, 당연히 배가 등에 붙었다. 다그마와 아닉, 피터가 뭔가 이야기를 하더니 다그마가 다가와 레스토랑에 가자고 했다. **'레스토랑 가면 비싼데….'** 내 속마음은 이랬다.

**"아니야. 나는 괜찮아. 그냥 뭐 해 먹으면 돼."**

나름 정중하게 거절했다. 그러자 아닉이 다가와서 말했다.

**"우리가 너희에게 저녁 식사를 대접하고 싶어서 그래.
오늘 30km 걸었잖아. 우린 너희가 못 걸을 줄 알았어.
근데 해냈어! 대단해. 우리가 쏜다."**

나는 아닉에게 고맙다고 말하고 그녀와 포옹했다. 주책인 줄 알지만, 눈물이 흘렀다. 너무 배가 고팠고, 다리도 아팠고 발바닥도 따가웠다. 돈을 아껴야 한다는 생각에 가방에 찌그러진 미니 크로아상을 저녁으로 먹어야 하나 뭘 먹어야 하나 고민 중이었는데…. (눈물이 주르륵)

식사도 해결되는 순간이었다. 고맙다며 훌쩍이는 나를 아닉이 따뜻하게 안아줬다. 다그마도 다가와서 안아줬다.

(아직도 왜 울었는지 이해는 안 되지만…. 그냥 엄청 힘들었다. 흑흑)


드디어 레스토랑에 도착했다. 오늘은 순례자 메뉴이자, 한국의 한정식 같은 Menu Del Dia(메뉴 델 디아)를 시켰다. 에피타이져, 주메뉴, 디저트 그리고 와인이나 물 음료를 고를 수 있었다. 다들 주문을 하고 담소를 나눴다. 아직 아무것도 안 먹었지만, 기분이 좋았다. 아닉이 말하길, 조금 있으면 친구 한 명이 더 올 거라고 말했다. 20분 정도가 지나, 갈색 수염에 코가 오뚝하고 파란 눈을 가진 외국인 남자가 다가왔다.


**"Hi. Everyone~!"**


그의 이름은 David(다비드), 스위스에서 왔단다.


**"한 입 먹어봐도 돼?"**

여긴 한국인가? 잠시 혼란이 왔다. 다들 내 초콜릿 맛 아이스크림을 한 입씩 먹었다. 나는 꾸준히 한국에서 전화영어를 해왔다. 완벽하진 않지만, 말하는 게 두렵지 않았다. 쉽고 간단한 영어로 대화를 했다. 프렌즈를 즐겨보는데, 조이, 챈들러의 유머를 기억했다가 비슷하게 날리거나 표정으로 대화를 극대화했다. 언니가 영어가 유창하니, 어려운 말은 그녀의 도움을 받았다.

아닉이 다비드에게 우리를 소개했다.

**"다비드! 우리 같이 걸으면서 많은 한국인을 만났잖아.**
**근데 얘들은 달라.**
**더 정확히 말하면, 우리가 만났던 그 한국인들과는 달라.**
**그래서 난 이 친구들을 이렇게 소개할게.**
**(My Koreans are different)"**

다비드도 차가운 첫인상과는 다르게 밝은 표정을 지었다.

**"자자. 이제 식사 다했으니, 자러 갑시다~~"**

피터가 자리를 정리하자고 말했고, 긴 하루가 끝났다.

# #.Note_04
# 아이스 아메리카노 톨 사이즈

도대체 무슨 용기로 스페인에 온 거지?


돈도 별로 없고,

내년이면 이제 20대도 끝이라구.


도대체 무슨 생각인 거야.

아, 오늘도 20유로 이상 썼어.


원래 계획은

다 만들어서 먹고 아끼는 여행이었는데….

Buen Camino!

이런…. 매일 가방 shipping service 보내고 싶다.

아, 내일도 비가 오려나?

난 왜 겨울철에 와서 이 고생을 하는 거야.

아, 떡볶이 먹고 싶다.


아이스 아메리카노 톨 사이즈가 마시고 싶다.

카페 솔로…. 에스프레소, 카페 콘 레체….


한국으로 돌아가면

분명히 여기가 최고였다고 많이 안 마신 걸 후회하겠지?


흑흑. 근데…. 이것도 맛있는데….

아이스 아메리카노가 마시고 싶어 ㅠㅠㅠㅠ

순례길을 걸으면, 많은 시간 동안 불안한 미래에 대한
고민을 해결할 수 있을 줄 알았다.

한국에 가서 벌써 전부 계획된 나의
멋진 모습을 보여주고 싶었는데….

그냥 다치지 않고….
산티아고까지 무사히 도착했으면
좋겠다.

Buen Camino!

(어디 아이스 아메리카노 잘하는 집 없나?)

## 〈 다리 길이와 걷기의 상관관계에 대하여 〉

아닉, 다그마, 피터, 다비드, 언니, 나. 우리는 아침 일찍 같이 출발했다. 지난날 다비드를 빼고 모두가 같은 알베르게, 같은 방에서 하루를 보냈다. 아침이 되어 다비드가 우리 알베르게로 왔고, 꽃밭에 있던 피터는 약간 아쉬움을 비췄다.

**"오. 다비드가 와서 내가 유일한 남자가 아니게 된 게 아쉽군! 하하"**

피터는 굉장히 유쾌한 사람이다. 다비드는 피터와 맞장구를 치며, 웃었다. 다 같이 걷기 시작했지만, 피터는 긴 다리로 빠르게 걸어갔다.

아닉은 이미 저 앞에 선두에 있었다. 다그마는 주변을 돌아보며 매 순간마다 '원더풀'을 외치며, 빠른 걸음으로 나아갔다. 언니는 조금 많이 지쳐 보였다. 어제 언니 말로는 자신은 키도 작고 다리도 우리 중, 제일 짧아서 힘들다고 불평했다. 무슨 말이냐면, 자기는 같은 거리를 걸어도 보폭이 짧아서 더 많이 걷게 된단다.

**"에이 설마~"**

실제로 얼마나 걸었는지 비교해봤더니, 정말 차이가 났다. 오…. 그럼 피터가 제일 덜 걷고 도착한다는 건가?

다비드가 걷는 것은 매우 놀라웠다. 바지 주머니에 양손을 끼고 축지법을 부리는 듯. 앞으로 갔다가 사라지고 갑자기 수풀 속에서 뛰어나와 뒤에서 인사를 하고 앞에서도 뒤에서도 보였다. 제일 여유로워 보였다. 스위스 사람들은…. 이 정도는 껌인가? 마치 신선처럼 움직이는 다비드. 고작 이 정도 고도의 산을 오르는 것은 집 앞 공원 산책 정도라며 잘난 체하지는 않았지만…!

**뭔가 얄밉네?**

# <순례길 위에서 중요한 것>

　　모두가 출발지와 출발 시각이 같았는데 어느새 다들 사라졌다. 시작부터 언니와 내가 제일 뒤에 있었지만, 끝에도 그럴 줄은 몰랐다. 그래도 뚜벅뚜벅 걸어서 알베르게에 도착했다. 제일 좋은 단층 침대엔 우리 까미노 친구들이 모두 자리를 잡았다. 다행히 우리는 단층 침대는 아니지만 2층 벙커베드 1층 자리를 배정받을 수 있었다. 침대에 걸터앉아, 잠시 한숨을 돌리던 중에 익숙한 목소리가 들려왔다.

**"엇…. 안녕하세요."**

　　'오빠가 말이야.' 그 남자다! 이 한국인 무리를 앞으로 보내려고, 조금 조정해서 걷다가 까미노 친구들을 알게 된 것인데…. 다시 만났다. 하하.

　　간단히 인사를 하고 장 보러 나가다가 동양인 할머니와 마주쳤다. 백발에 곧게 펴지지 않는, 그렇다고 구부러지지 않은 허리. 저 사람도 한국인일까? 궁금해졌다.

**"올라. 안녕하세요:)"**

**"올라. 스미마센. 저는 일본인 이에요. (일본어)"**

　그녀의 이름은 요코. 나이는 70대. 피레네산맥부터 걸었냐고? 아니다. 그녀는 몇 년 전에 순례길을 걷다가 너무 힘들어서 잠시 멈췄다고 한다. 마침 스페인에 올 일이 생겨, 자신이 멈춘 이곳에 와서 걸을 수 있는 만큼 걷고 일본으로 돌아갈 것이란다. 나이는 피터와 같은 나이대였다. 우리는 저녁 식사에 피터와 요코를 초대했다. 초대라는 말이 조금은 거창하지만, 약간의 파스타와 밥, 반찬을 만들어서 나눠 먹었다. 언니는 일본어를 말할 줄 알아서, 요코와 대화를 나눴다. 언니는 외국어를 참 잘한다.

　순례길을 걷다 보면, 우리가 걷는 쪽 반대로 걸어가는 사람이 있다. 너무 빠르게 산티아고까지 가는 것에 집중하며 걷다가 막상 도착하니, 후회되었다는 사람. 매일 걷는 것이 너무 힘들어서 바닥만 보고 걸어서 풍경을 다 놓쳤단다. 그래서 다시 돌아가며 자신이 놓친 풍경을 보는 중이라고 했다. 그 사람도 신기했지만, 요코 할머니도 그랬다. 순례길에 올라 중간에 걸음을 멈추는 것을 나는 '포기'라고 생각했는데, '잠시 멈춤'이라는 말이 있다는 걸 깨닫게 해주었다. 계속해서 걸으면서 한국에 돌아가고 싶다고 생각했었다. 춥고 힘들고, 그림도 그릴 시간도 없고,

돈도 별로 없어 식사도 대충하고 있었다. 산티아고까지 완주한다는 것. 순례자 증서를 받는 것. 뭔가 크게 깨달아야 한다는 무의식의 명령들…. 뭐가 중요했을까?

생각이 많아지는 밤이다.

언니와 이야기를 나눴다. 우리가 이곳을 두 발로만 걷는 데에 의의를 두고 온 것이 아니지 않은가? 나는 그림을 그릴 여유가 조금은 있었으면 좋겠다고 했다. 걸으면서 느끼고 그림으로 남기고 싶은 기억을 그릴 시간을 가지고 싶다고 말했다. 그리고 지금 같이 걸어온 까미노 친구들과 같이 걸을 수 있도록 버스를 타고 앞 도시로 가보지 않겠냐고 말했다. 언니도 그림 그리는 사람이어서 이 부분에 크게 공감을 했다. 나는 여행 스케치가 익숙해서 그래도 몇 장 그림을 그렸다. 그런데 언니는 카페에서 커피를 마시며 그림 그린 날 외에는 수확이 있어 보이지 않았다. 오늘 밤, 우리는 통했다. 그리고 다음 날, 버스를 타고 이동하기로 했다. 까미노 친구들, 우리가 점프해서 기운 차리고 걷다 보면 다시 마주칠 수 있겠지? 아침이 되어, 모두에게 인사를 하고, Burgos(부르고스) 행 버스를 탔다. 걸어서 오는 친구들보다 3일 앞으로 점프를 한 것이다.

# #.Note_05. 갈증

길을 걷다 보니, 갈증이 났다.


목이 마르면 자연스레 물 대신 커피를 찾았다.


"올라, 우노 카페 솔로. 뽀르빠보르"
(안녕하세요, 에스프레소 한 잔. 부탁합니다.)


다시 길을 걸었다. 뚜벅뚜벅. 목이 마른다.


이번엔 오렌지 주스를 샀다. 상큼함!

Buen Camino!

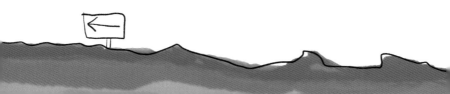

그리고 끈적끈적한 느낌이 입안에 남았다.

다시 걷기 시작했다.


목구멍부터 혀끝까지 바짝 마른 기분이다.

이번엔 생수 한 병을 샀다. 벌컥벌컥.


"꺄~"

"아, 처음부터 물을 마실걸⋯."

Buen Camino!

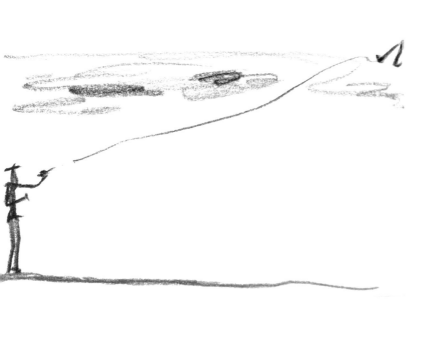

_Burgos

## 〈 버스를 타고 〉

버스 정류장에서 반가운 얼굴을 만났다. 처음 버스를 탔을 때, 아닉과 정치 이야기를 하던 미국인 부자를 만났다. 이들은 피레네부터 시작했고, Burgos(부르고스)에 도착하면 바로 프랑스로 넘어가 휴가를 즐기고 미국으로 돌아간다고 말했다. 어제 요코가 아니었다면, 이 두 사람을 **"중도 포기자"** 라고 지칭했을 것이다. 순례길을 걷는 모두가 산티아고까지 가야만 의미가 있는 것이 아니라는 것을 다시 한번 확인했다.

**휴가 잘 즐기고 조심히 가세요~**

버스를 타고 이동하니, 3일 걸을 거리가⋯. 이렇게 짧다니!!! 약 67km를 버스로 이동했다. 언니와 2박, 욕조가 있는 호텔에서 머물 기로 결정했다. 어차피 빨래해야 해서 10유로 정도 지출을 생각했으니, 욕조에 뜨거운 물을 받아 손빨래하고 그 절감 비용을 호텔비에 보태기로 한 것이다. 호텔은 도시 중앙에서 살짝 옆쪽에 있었다. 침낭을 펴지 않아도 되고 가방 속 짐도 다 펼쳐 놓을 수 있었다. 빨래도 하루 넘게 널어놓고 말릴 수 있었다. 나도 알베르게에 자유로운 외국인들처럼 팬티와 런닝만 입고 방을 돌아다닐 수 있겠다! 언니만 괜찮다면. 하하.

(아쉽게 콧구멍까지 찬 바람이 불어서 옷은 입어야 했다.)

# <쉼에 대하여...>

부르고스에서 쉬면서 한 일은 침대에서 늦게 나오기, 밥 먹고 안 치우고 한쪽에 모아 두기 등등이 있다. 볼거리가 많은 도시에 왔지만, 낮에 나가서 공원을 둘러보거나 역사명소에 들르는 행동은 하지 않았다. 매일 걷는 흙길과 아스팔트 길, 마트에서 장보기, 빨래하기 등등. 하루가 너무 길고 짧은 힘든 하루들의 연속이었기 때문에 아무것도 안 하는 시간 자체가 소중했다. 여기서 쉬는 동안은 구글 지도 앱을 켜서 내가 지내는 호텔에서 걸어서 얼마나 가야 피자집과 카페가 있는지 확인했다. 그리고 박물관, 미술관, 성당까지의 거리를 확인했다.

## 정말 확인만! (침대 위에서)

이렇게 부르고스의 휴식은 호텔 방에서 이루어졌다. 꿀맛 같은 날이었다.

## 〈비를 맞으며 다시 걷다〉

휴식이 끝났다. 한국으로 돌아가고 싶은 마음이 조금씩 마음을 지배해왔다. 예상하기론 걷기에 익숙해져서 스페인에서 느낀 감정과 감동 그리고 그 과정들을 그림에 가득 담아내길 고대했는데. 모든 계획은 매 순간 바뀌고 있었다. 부르고스에서 지내면서 맛집도 가고 역사명소도 방문하고 싶었는데 내내 방콕이었다. 숙소를 떠나면서 언니와 상의한 것으론 11km만 걷고 쉬어 가자는 결론이 전부였다.

부르고스 성당 앞을 지날 때, 그 웅장함에 잠깐 고개를 들었다. 눈에 가득한 회색빛의 건물, 화려하지만 정갈하고 대칭 없어 보이지만 완벽해

119

보이는 성당을 곁으로만 보고 지나갔다. 비가 내리기 시작했다. 이 도시를 더 보지 못한 아쉬움도 잠시, 장갑으로 한번 감싸진 손이 빗물에 젖어 손끝이 차가워졌다. 사랑하는 연인과 헤어짐의 고통보다 치질의 고통이 더하다는 인터넷에 올라온 유명한 일화가 떠올랐다. 부르고스의 웅장한 성당의 아쉬움이 빗물에 장갑이 젖으면서 바로 잊히다니…. 2일 쉬었다고 비바람이 칼바람처럼 느껴졌다. 포장도로를 걷다가 어느 순간 흙길을 걷고 있다는 것을 인지했다. 빗물이 고여 흙탕물 길이 많아졌다. 길의 중간을 밟지 않고 길의 가장자리 풀이 나 있는 곳을 밟으며 걸었다.

빨간색 판초를 뒤집어쓴 우리 둘. 8차선 고속도로 위 육교를 걷던 중이었다. 지나가는 덤프트럭이 크락션을 울렸다.

## "빵~~빠아아아아앙!!!!"
### "우악!!!"

아무 생각 없이 걷던 중, 놀라 바지에 실수할 뻔했다. 도로가 가까우면 지나가던 차들이 종종 응원의 소리를 내주는데, 방금은 응원의 소리가 아닌 꾸짖음 같았다.

**"차로 가면 금방 도착할 텐데, 이런다고 내가 뭔가 거창한**

**무언가를 깨달을 수 있을까?"**


    매일 비슷한 질문을 하고 다른 답을 내리며 계속해서 걸었다. 빗물 웅덩이가 커져 길이 끊겨 보이는 정도가 되었다. 걷는 시간이 4시간 정도 지났을 것이다. 고어텍스 신발의 윗부분에 빗물이 흡수되기 시작했다. 어젯밤에 모든 양말을 빨아 완전히 건조했으니, 가방 안에 3켤레의 뽀송뽀송한 양말이 있다는 것을 생각하며 걸으니 그나마 걷는 고통을 덜 수 있었다. 구글 지도를 확인해 보니, 거의 다 왔다. 비도 그치기 시작했다. 차가운 공기는 그대로였지만, 비가 멈추니 풍경을 볼 여유가 생겼다. 까마귀가 보인다. 가늘고 높이, 일정한 간격으로 심어진 나무가 보였다. 추수가 끝난 밭이 보이고, 그 끝에 익숙한 건물이 보였다.

'저기 핸드폰으로 확인한 알베르게 건물이 보인다!!!'

# #.Note_06
# 가방을 비우고, 걱정도 덜고

이쯤 되니 여행이 익숙해졌다. 가방에 짐을 줄이는 방법, 무게 중심이
잘 잡히게 짐 정리하는 방법.

나름 요령이 생겼다. 무거운 것은 가방의 가장 바닥에 넣고 등에 닿는
부분의 틈이 생기지 않게 하기. 자주 꺼내야 하는 물건은 보조 가방에
두고 허리 줄로 고정하기.

매일 짐을 싸고 알베르게에 도착해서 짐을 풀었다. 같은 생활이
반복되었다. 힘들면 커피를 마시고, 하루 물 마시는 양을 챙겨가며 걸었다.

Buen Camino!

그리고 오랜만에 생긴 여유. 그 시간에 생각을 정리해보았다.


**나는 왜 이 힘든 길을 왔을까?**
**무엇이 그리 괴로워서 순례길로 도망쳐 온 것일까?**


한국에는 사랑하는 배우자와 사랑스러운 고양이들이 나를 기다린다.
떠나기 전과 떠나 있는 지금, 달라진 것은 없는데….

이상하게 여기 오기 전에 집은 뭔가. 숨이 막혔다.

누구도 나를 억누르지 않는데, 무엇이 날 괴롭게 만들었을까?

peace?

# _Hornillas Del Camino

　어제 하루를 보냈던 알베르게는 정.말.로 추웠다. 유럽의 난방시설은 뭔가 아쉽다. 아니다. 한국의 난방이 최고인 듯!! 숙소는 차가운 공기로 가득했고, 화장실의 따뜻한 물도 잘 나오지 않았다. 우리가 묶는 숙소는 작은 마을에 있어서 운영 중인 슈퍼도 없었다. 다행히 빵집을 하나 발견해서 네 덩어리의 빵을 샀다. 반은 어제저녁으로 먹고 반은 가방에 챙겨 나왔다. 추운 기억을 기억하고자 그림을 그렸는데, 아침에 다시 보고 너무 추워서 가방 깊은 곳에 넣어 놨다.

비가 온다. 공기가 차가워졌다. 우리는 점점 언덕으로 올라갔다. 어느새 우리는 산 중턱에 있었다. 안개가 두꺼워졌다. 그나마 안개의 좋은 점은 공기 중 수분이 가득해서 갈증을 줄여주는 것이었고, 아쉬운 것은 시야가 가려져서 런닝머신 위를 걷는 기분이다.

### 아, 설탕! 단 거!

한 걸음 걸을 때마다, 온몸의 당은 전부 사라지는 듯한 기분이다. 연료가 바닥났다고 뇌에서 신호를 보냈다. 비상용 잼과 가방에 챙겨둔 빵을 꺼냈다.

비는 내리지만, 잠시 멈춰 서서 차가운 빵을 먹어 치웠다. 말 그대로 먹어 치웠다. 차갑고 딱딱했던 그 빵의 맛! 어릴 적에 읽은 서양 명작, 동화를 보면 가난한 사람들이 차갑고 딱딱한 빵을 먹으며 추운 겨울을 보내는 묘사가 이해되지 않았었는데…. 이제는 그 묘사의 뜻을 단박에 이해 할 수 있겠다. 얼음을 손에 쥐고 걷는 기분…. 빨리 알베르게에 도착하면 좋겠다는 마음뿐이다!

# <다시 만난 스위스 날다람쥐>

**"우와우 우와우!!!!"**

노란색 화살표는 마을에 가까워지니 다수 보이기 시작했다. 문제는 계속해서 나온다는 거다. 띠로리…. 2주 정도밖에 지나지 않았는데, 한국으로 돌아가고 싶다는 마음이 커졌다. 사실 간밤에 한국으로 돌아가는 항공표를 알아봤다. 그런데, 표를 변경할 수 없도록 과거의 내가 항공권 날짜 바꿈 옵션을 막아 놨더라….

마음을 다잡았다. 그래…. 나는 나를 정말 잘 아는구나. 어느새 마을에 들어왔다. '어?' 괜찮아 보이는 알베르게를 발견했다. 오늘은 여기서 쉬도록 해야겠다. 빠르고 신속하게 가방에 있는 음식 재료를 털어 요리했다. 오늘도 스프밥인가…. 아니면 파스타? 아니면…. 그냥 빵인가. 일단 빠르게 배를 채우고 재빨리 침대 위에 자리를 잡았다.

언니는 모르겠지만, 나는 그 당시 가방에 짐을 다 버리고 싶었다. 속옷도 두 벌, 모든 겉옷도 하나만 남기고 다 버리고 싶었다. 식료품들은 그냥 조금 먹고 다 두고 다니고 싶었다. 그런데 내 가방에 식료품이 비면 언니는 어김없이 또 식료품을 사서 줬다. 나는…. 정말 힘들었다. 이런 햄스터 같은 사람…. 언니 가방에도 음식 재료가 가득이라 크게 불평할 수 없었다….

곧이어 저녁이 되었다. 오늘 하루는 그래도 따뜻한 곳에서 잘 수 있어서 다행이라며 침대에서 꼬물거리던 그때, 갈색 모자를 쓴 외국인 남자가 들어왔다.

다비드였다. 오후 7시쯤이었나? 그는 이날 엄청 먼 길을 걸어왔다고 했다. 그는 저녁 식사를 같이하겠냐고 물어봤고 우린 당연히 함께하겠다고 말했다. 그가 파스타를 만드는데, 그릭요거트를 파스타 소스에 넣었다. 어떻게 요리해야 맛있을지 몰라서 구매하지 않았던 둥근 기둥 파스타! 그는 무척 익숙하게 요리를 시작했다. 한국인이 김치찌개를 끓일 때, 고민하지 않고 김치를 조리하듯이 그는 익숙한 자세로 파스타를 했다. 잘하겠지? 근데 이상하다. 나는 그릭요거트를 그냥 먹는 건 좋아하지만…. 파스타에?????? 음……. 신맛 파스타? 내 취향이 아닌데…. 하고 생각하고 한 입 먹었다.

**"우왕. 존맛탱."**

크리미하고 꾸덕꾸덕한 흰 크림에 적당히 안단테로 익은 면. 신맛은커녕, 그릭요거트가 이런 부드러운 맛을 가열 이후에도 가지고 있다고? 유럽 사람이 만들어준 파스타라고 생각하며 먹어서 맛있는 건가? 합리적인 의심도 해 보았다. 무엇이 중요한가. 일단 따뜻한 식사를 누군가에게 대접받기에 기분이 좋았다.

**파란 눈의 경계심 가득했던 다비드. 파스타 해줘서 고마워!!**

# #.Note_07
## 사랑은 삶의 기준이 될 수 있을까?
## 꼭 첫 번째가 되어야 할까?

사랑한다는 말을 시작으로 두 명이 만난다. 그리고 둘은 서로의 어린 시절 가장 힘들었던 기억과 가족의 비밀 등을 나눈다. 어떤 철학자 말이 떠오른다. 사랑하는 사람에게만은 자신의 가면 뒤의 맨얼굴을 보여주고 싶은 것이 자연스러운 일이라고 말이다.

이 사람과 함께 미래를 자연스럽게 생각하게 되었고, 함께하는 시간이 길어져도 상대방의 어떤 말도 나를 억압하는 일은 없었다. 그래서 더욱더 자연스럽게 우리가 함께 미래를 꾸려가는 것은 생각보다 어렵지 않았다.

　　결혼하고 함께 지내는 생활이 기반이 되면, 설렘에 대한 감정을 다시금 생각하게 된다. 나 역시 그런 때가 자연스럽게 다가왔다. 결혼한 부부가 설렘을 일으키는 어떤 사건을 맞이하며 생기는 영화나 드라마의 일화가 이슈가 되면 이상했었다. 그런데, 막상 내가 결혼을 하고 부부관계에서 설렘이 이제는 당연한 것이 아니라는 감각이 생기면서 혼란스러워졌다. 배우자를 사랑하지 않거나 다른 사람을 사랑하는 문제가 아니었다. 사회에서 당연하게 비치는 아름다운 부부의 모습, 백년가약을 하고 평생 사랑하겠다는 고결한 모습은 머릿속에 훤했는데, 실제의 결혼은 전쟁터였다. 둘이 싸우는 문제가 아니라, 부부가 전우로서 하나의 재무 시스템과 행정 시스템을 구축하여 사회로 나가는 것 자체가 낭만과는 다른 것이었다. 인터넷상에 올라오는 결혼 전의 마찰, 연애 중에 생기는 감정 문제, 이혼을 눈앞에 둔 부부의 문제 등은 매체를 통해 다수 노출되는데...

그런데, 왜?
결혼 이후 사랑의 변화는 조금 더 신중히 그리고 교과서적으로 정리되어
널리 알려지지 않는 것 같지?

 분명, 사랑이 끝나서라기보다 뭔가 둘의 관계에 엄청난 변화가 생긴 것
같은데….

**좋은 건가? 안 좋은 건가?**

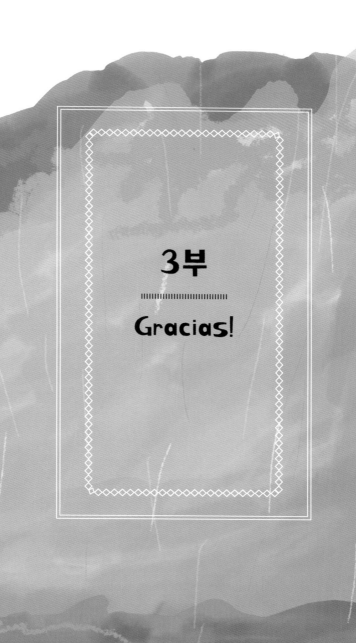

# 3부

Gracias!

## _Castrojeriz

    내가 기억하기로 다비드의 걸음은 빨랐다. 아침이 되어 그와 기념으로 사진을 찍었다. 그리고 내심 먼저 걸어 가줬으면 했다. 왜냐면 그의 걸음 속도를 익히 들어 알고 있었기에, 그가 우리와 함께 걷는다는 것은 그의 평소 일정보다 늦어진다는 것이었기 때문이다. 그리고 혹시라도 그가 피터처럼 우리를 양 몰듯이 데려갈까 봐 약간 걱정도 되었다.

**"먼저 가. David!"**

    그는 조금만 같이 걷다가 가겠다고 했다. 길을 걸으며 그가 말했다.

꽤 오랜 시간 혼자 걸어서 사람이 그리웠다고. 처음에는 혼자만의 시간이 소중해서 일부로 혼자 생각할 시간을 많이 가졌단다. 그런데 계속해서 비가 오고, 혼자 밥 먹고, 혼자 걷다 보니, 이렇게 같이 걷는 것이 좋아졌다고 말했다.

"그래. 그럼 같이 가자! 하하.

(우리 걸음 속도로!)"

이야기하면서 걷다 보니 금세 마을에 도착했다. 점심을 먹고 더 이동할지를 정할 시간이 된 지금. 시간은 12시 정오. 우선 배를 채우자는 의견에 모두 동의했다. 오늘은 Menu Del Dia 를 먹어보자! 만장일치로 에피타이져부터 디저트까지 알차게 즐겼다. 그리고 아무런 상의도 하지 않고 우린 무언의 합의를 했다.

이 마을에서 하루를 지내기로!

# ‹ 미묘 냥이들의 알베르게 ›

알베르게에는 두 마리의 회색 요정 고양이들이 살고 있었다. 묘종은 샴인 것 같다. 스페인에서 만난 길냥이는 어찌 된 게 이런 품종묘가 많은 것일까? 물론 순종은 아니겠지만. 몸은 회색빛 뻣뻣한 털을 덮었고 코와 귀, 발에 검은 물감을 묻힌 고양이였다. 내가 순례길에 오게 된 이유는 이 요정들을 만나기 위함이었다고 말할 수 있을 만큼 예쁜 고양이였다.

우리가 묵게 된 알베르게는 약 10명이 묵을 수 있는 작은 곳이었다. 다행히 3명 자리가 남아있었고, 나머지는 예약이 차 있다고 했다. 숙소에 도착해서 조금 쉬던 중에 알베르게 주인이 예약자들이 도착했다며 서로 인사하라고 말하는데…! 그런데 이게 웬일?

**"Dagmar, Peter, Anik 이었다. 이렇게 반가울 수가!!!"**

서로 많이 알지 못하는 사이지만, 뭔가 끈끈한 유대가 생긴 것 같다. 다시 만났다는 그것만으로 웃음이 났다. 이게 까미노 매직인가? 뭔가 엄청 친해진 느낌이다!

반가운 얼굴들과 인사를 나누고 오랜만에 비가 오지 않는 하늘이라. 마을 위쪽에 산책을 다녀왔다. 약간의 경사가 진 언덕이 있었고 풍경을 스케치북에 담고, 눈에 해가 지는 순간을 담았다.

그리고 알베르게로 돌아와서 소파에 앉아 고양이들을 어루만졌다. 순례길을 걸으며 마음이 쉬지를 못했다는 생각이 처음 들었다. 아늑한 장소와 충분히 그림을 그릴 수 있는 심적인 여유. 그리고 좋은 사람들. 같이 웃고 먹고 옆에 앉아 쉴 수 있는 그런 분위기. 더구나 예쁜 고양이 두 마리까지! 고양이들의 골골송을 들으며 소파에 앉아 잠시 눈을 감았다.

아무 생각 없이 잠시 눈을 붙인 자리. 그대로 눈을 떴다. 모닥불 앞에 놓인 2개의 소파. 내가 앉은 소파 건너편에 아닉과 다비드가 쉬고 있었다. 둘은 너무나 편안한 자세를 취했고, 나는 자연스레 종이를 꺼냈다.

# #.Note_8
# 눈에 보이지 않는 어떤 것들의 규칙

순례길에서 만난 70대 할아버지 Peter(피터). 피터는 아내가 병상에 누워 장기간 병간호를 했다고 했다. 그리고 그녀가 무지개다리를 건너면서 허탈함을 가지고 순례길에 오르게 된 것이다. 그는 사랑하는 아내를 떠나보냈지만, 슬픔에 절여져 아무것도 못 하는 사람이 아니었다. 그는 밝은 미소와 특유의 유머를 가지고 사람들과 어울렸다. 때로는 약간의 야한 농담으로 웃어야 할지 모르는 상황을 만들기도 했지만, 그와 나이 차이가 크게 나지 않는 어느 여인에게는 굉장한 매력 포인트가 되었으리라 짐작한다.

Buen Camino!

순례길을 걷다 보면, 묘한 기류의 두 명을 쉽게 발견 할 수 있다. 참 재미있는 일이다. 전 세계에서 모인 사람들, 다양한 문화권 모두가 모여 있어 무질서함이 가득 할 것으로 보였지만 그렇지 않아서 더욱 신기했다. 무질서 속에 질서가 있었다.

_Fromista

어제 아닉, 피터, 다그마 와 함께 알베르게로 온 사람이 있었으니!
그의 이름은 다비드!!! 한국의 '철수'처럼 유럽에서는 다비드라는 이름이
정말 흔한 것 같다. 새 다비드는 스페인 바르셀로나 사람이었다. 그가
우리 무리에 합류하게 되면서 모든 알베르게 예약은 그의 일이 되었다.
영어보다는 스페인어로 알베르게 예약하기가 쉬우니까!

회색 고양이들과 작별 인사를 나누고 또다시 길을 나선 우리. 다행히
비가 멈췄다. 아닉은 오늘부터 3일간 자전거를 타고 움직인다고 했다.
발목 상태가 매우 좋지 않은가보다. 탁월한 선택인 듯! 그녀가 자전거를

타고 저 멀리 사라질 즘 우리가 올라가야 할 곳이 보였다. 경사가 꽤 높다. 내 기준엔 저기 보이는 것은 산이었는데, 힘들어하는 나를 보며 지나가던 다비드(스위스)가 한마디를 건넸다.

**"레이다. 이건 그냥 언덕이야.**
**좀 더 힘을 내봐! (피식)"**

그는 등산 스틱 없이 양손을 바지 주머니에 꽂고 걷고 있었다. 스위스 사람이라서 산을 잘 타는 걸까? 아니면 쟤가 잘 타는 걸까? 다 같이 산을 오르기 시작했는데, 예상과 같이 피터는 저 멀리 사라져 가고 아닉은 자전거도로로 갔으니 잘 모르겠고, 다그마는 옆에서 경치 이야기를 했었는데 사라졌다. 다비드는 뭐 갑자기 수풀에서 나오고 뒤에서 나오다가 그도 역시 사라졌다. 어제 만났던 바르셀로나 다비드가 알베르게 예약을 해줬으니, 저녁에 또 만나겠지. 하하.

# ⟨ 춤추는 언니와 나 ⟩

모두가 사라지고 계속해서 걷다 보니, 운하를 만나게 되었다. 노란색 화살표를 따라가다 보니 여기까지 왔구나! 혹시 몰라 구글 지도로 길을 확인해 보았다. 이 운하 끝이 마을이다. 문제는 이 운하 길은 적어도 1시간 20분 정도는 걸어야 한다는 것! 하하하.

걷고 또 걷다 보면, 음악이 필요한 순간이 있다. 같이 걷는 언니는 굉장한 수다쟁이였다. 그녀의 말을 듣다 보면, 언니의 가족 모두와 함께 있는 느낌이 들 정도였다. 이럴 때, 필요한 것은? 음악!

우리는 2살인가? 3살 차이가 났다. 좋아하는 음악 취향은 달랐지만 같은 시기에 유명한 아이돌 그룹 '빅뱅'이 있었다. 빅뱅 노래를 연속 재생했고, 우리는 노래를 부르며 길을 걸었다. 아무 생각하고 싶지 않고 그냥 지나가는 물소리와 바람 소리를 들으며 걸을 수 있었겠지만!!! 그냥 음악이 에너지를 줘야 하는 때가 있다. 다행히 저기 마을 안내문이 보인다.

정신없이 걷다 보니 벌써 11월이 끝나 간다. 하하하. 하루가 이렇게 길었나? 어제 그림은 한 장도 그리지 못했다. 사람들과 어울려서 함께 식사하고 주변을 조금 산책했을 뿐인데, 몸은 녹초가 되어 더는 움직일 수 없었다. 오늘의 알베르게는 성당이 운영하는 곳이란다. 바르셀로나 다비드의 예약으로 다 같이 그곳으로 향했다. 어제는 비가 오지 않아 하늘과 주변 환경을 돌아보며 걸었지만, 오늘은 비바람이 거세다.

도로 옆길을 걷는 중인데 버드나무 한 그루가 길 위에 서 있다. 풍성한 긴 잎사귀와 가지가 내가 걸어야 하는 길을 가리고 있었다. 재밌는 건

누군가 가위로 정확히 네모 모양으로 잘라 놨다는 것이었다. 분명 마을 사람들이 해 놓은 것이겠지?

아침부터 점심까지 비가 내렸다. 한 방향으로만 비가 내리면 좋으련만…. 앞뒤로 불어대는 통에 선크림은 이미 씻겨 나갔고 판초 우의 안쪽은 땀범벅에 얼굴을 내놓는 윗옷은 빗물에 젖어있었다.

### "아… 하… 비야. 그만 와라…"

춥고 배가 고파서 눈에 보이는 레스토랑에 곧장 들어갔다. 비 오는 날엔 가격이 착한 순례자의 점심 식사를 파는 곳을 찾기가 힘들다. 이 말인즉슨, 비싼 점심을 먹게 될 확률이 올라간다는 것이다. 겨울철엔 마을의 식당이나 슈퍼, 바를 운영하지 않는 곳이 많아서 아쉽다. 배드 버그와 쨍쨍한 햇빛을 피할 순 있지만, 이놈의 비는…!!!! 이런!!!!

# < 두명의 선생님과 무리들 >

아무리 고어텍스 신발이지만 6시간 이상 빗길을 걸으면 방수는 해제되나 보다. 축축해진 신발. 내 모습은 물에 빠진 생쥐 꼴이었다. 수녀원에 있는 알베르게. 넓은 방에 단층 침대가 15~20개 정도 들어가 있었다. 그리고 옆 건물에 공동 주방과 세탁실이 있어서 사용하는 데에 눈치를 볼 필요가 없는 곳이었다. 손발이 차가운 게 빨리 빨래와 식사를 하고 자야겠다. 아니면 그림을 그리든 계획을 세워야지. 다그마와 피터랑 같은 방을 배정받았다. 피터는 이미 낮잠에 빠져있었고, 다그마에게 빨랫감이 있는지 물어보고 세탁실로 이동했다.

익숙한 한국어 대화가 들려온다. 어제 프로미스타에서 만난 한국인 무리가 있었다. 아저씨 두 분이 선생님이란 호칭으로 불리며, 10명 남짓 한국인의 아버지 같은 역할을 하고 있었다. 그놈의 아버지.

'오빠가 말이야'를 말하던 그 사람과 다른 느낌의 두명의 선생님은 언니와 내가 요리를 하거나 그림을 그릴 때면 나타나 말을 거셨다. 관심을 가지고 말을 거는 것은 좋지만, 너무 사적인 질문을 하시거나 혹은 초상화를 그려달라는 무리한 요구를 하셨다. 그것도 2번째 만났을 때.

낯선 외국 땅에서 혼자 여행을 길게 하다 보니, 생긴 버릇이 있다. 같은 국적인 사람을 조심할 것. 애국심이든 동지애든 같은 문화권에서 생활했기에 서슴없이 다가오지만, 목적성이 확실하고 이상한 사람이 꽤 많았던 내 개인적인 경험을 바탕으로 선생님들을 경계하고 있었다. 그래서 내 상황이나 배경, 이야기를 줄였고 피해 다니기 바빴다.

오늘도 이런저런 사소한 일들이 하루를 가득 채워 저녁이 되었다. 침묵을 유지하고 침대에 누운 언니와 나. 우리는 침낭에 얼굴만 빼꼼 내밀고 서로를 응시했다. 그리고 끄덕거림 한번.

내일 한 번 더 버스를 타자. 언니와 나는 다음도시 Leon에서 휴식을 갖기로 했다.

# 2019년 11월 21~24일
## _Leon에서의 휴식

Leon(레온)이란 도시는 볼거리도 많았고, 운영 중인 알베르게도 많았다. 순례자마다, 욕조에 몸을 녹이며 휴식을 취하고 싶은 사람은 호텔로 갔고, 보통의 알베르게보다 평균적으로 쾌적한 알베르게에 1~2 유로를 더 주고 숙박하는 일은 보통일 이였다.

두 번째로 버스로 이동을 했다. 까미노 친구들의 걸음 속도는 무척 빨랐고, 이 친구들과 함께 산티아고에 도착하고 싶은 마음이 커졌다. 사실 우리의 속도에 맞춰서 걸으면 되는 일인데, 그들을 그려내고 싶다는 생각으로 며칠 먼저 대도시로 이동한 것이다. Leon에서의 휴식은 총 4일.

까미노 친구들이 도착하려면 적어도 1~2 일이 남아있었다. 걸음이 빠른 리자, 스테판, 다비드는 아마 내일이면 도착할 것이다. 그리고 아닉과 다그마, 피터는 2일 뒤에 도착할 예정이었다. 대도시에 걸맞은 깔끔한 호스텔 느낌의 알베르게는 며칠 쉬고 가는 순례자들로 가득했다. 언니와 나는 오랜만에 분칠로 기분을 내고 싶어서 색조화장품 몇 개를 구매했다. 그리고 친구들보다 먼저 성당을 둘러보고 주변 볼거리를 구경하고 숙소에서 쉼의 시간을 가졌다.

# < 휴식을 가지면서 >

예쁘게 꾸미고 관광객 버전 등산복을 입고 밖으로 나섰다. 스케치북과 채색 도구를 간단히 챙겨서 성당으로 향하는 길. 나는 종교를 가지고 있지 않지만, 순례자로 길을 걸으면서 기도하는 마음과 종교의 성스러움에 대해 다시 한번 생각하게 되었다. 그리고 기도하는 시간, 미사의 시간에 다른 사람들을 따라 하며 속으로 외쳤다.

**다치지 않고 무사히 순례길을 완주하게 해주세요.**

## ‹ David와 Dagmar가 만들어준
## 블랙소시지… 감자요리 ›

    다그마와 다비드가 독일 전통음식을 해줬다. 블랙소시지와 감자요리였다. 와우…. 엄청난 고기향. 고기를 즐기지 않지만, 한국인 친구들을 위해 특별히 만들어준 독일 전통음식을 찡그리면서 먹을 수는 없었다. 그리고 따로 경험하기 힘든 식사일 테니! 즐겁게 식사를 하기로!!!

    모양은 순대와 비슷했지만 조금 더 검은 색감을 가졌고, 표현하자면 검은 고기액체 젤리를 담은 소시지? 나는 약간의 소시지를 그릇에 담아 맛보고 감자를 열심히 먹었다.

    색다른 문화체험이었지만, 둘 다 이 음식을 즐긴다고? 이것이 문화 차이인가!!! 나는 열심히 와인을 마셨다. 스페인 리오하 와인을 매일 1병씩 마실 수 있다는 것!! 아, 이것이 행복이구나.
(내가 만약 순례길에서 와인을 마시지 않았다면, 근육쟁이에 살이 쪽 빠져서 왔을 텐데…!)

# ⟨ 다양한 사람들 ⟩

　사람들이 아름다워 보인다. 가만히 지켜보니 다들 이렇게 매력적일 수가! 물론 예외는 항상 존재하지만…. 여행 초반에 만난 한국인 무리가 내가 묵고 있는 알베르게에 도착했다. 이들과 웬만하면 마주치는 것을 피하려고 아침이면 일어나서 레온 중심가로 향했다. 스케치북과 우산, 가벼운 옷차림. 마치 레온에 방금 도착한 관광객처럼.

　사람들의 걸음 동선을 보면 참치 떼, 연어 떼처럼 일정한 방향성을 가지고 움직이는 것이 보였다. 왠지 나를 부르는 방향의 흐름에 발을 놓았다. 도착한 곳은 역시 성당 앞! 미사가 있는 날은 입장료를 받지 않는단다. 어느새 옆에 와 있는 다비드가 말해줬다. 그는 신실한 기독교인이었다. 텅 비어있는 성당에 들어서면 독일어로 찬송가를 부르고 기도를 했었던 그였다. 의심의 여지 없이 미사 시간에 성당에 들어간다고 한다. 나는 성당 주변에서 그림을 그리다가 시간이 맞는다면 들어가기로 했다. 커피 한 잔을 마시며 미사 시간을 기다리는데, 그가 말했다.

**"레이다. 내가 모델이 되어줄게."**

내가 그림을 그리고 자신이 종이에 그려지는 것이 은근히 좋았나 보다. 그는 최대한 움직이지 않겠다고 자신 있게 말하고 포즈를 취했다. 나는 커피를 마셨고, 그는 맥주를 마셨다. 그는 움직이지 않는다고 말했지만 약간 얼굴이 붉어지더니 오른쪽으로 몸이 기울기 시작했다. 이 친구 참···. 다음부터 모델로 나설 땐, 손에 맥주 말고 다른 음료를 쥐여줘야겠다고 속으로 생각했다. 우리가 처음 만났던 날의 그는 굉장히 낯을 가리고 자신의 이야기를 하지 않는 사람이었는데, 생각보다 많은 이야기를 해주는 다비드였다. 각자 음료를 다 마시고 성당 외부를 그리기 위해 장소를 옮겼다.

어느새 어디론가 사라져 버린 다비드. 미사 시간이 되었나 보다. 어쩌면, 내가 그림을 그리느라 그의 말을 놓쳤을 수도 있다.

흐린 하늘을 배경의 성당, 빗물이 마르지 않아 촉촉했던 공원의 나무. 11월 순례길을 걷는다는 것은 푸른 나뭇잎 길을 보지 못한다는 말이다. 역시 도시는 다르구나. 생각해보면 레온의 날은 너무 춥지도 않았다. 도심의 공기는 역시 다르다!! 운 좋게도 공원에서 단풍도 보게 되었다.

레온은 나에게 단풍도 보여주는 아름다운 도시로 기억될 것이다. 좋은 사람들과 재밌는 사건들과 함께.

178

 **_Leon 근처의 비밀 알베르게**

## 〈게르니카 벽화의 알베르게〉

레온에서 편한 날들을 보냈다. 우리는 시작부터 무리를 주지 않기로 했다. 오늘의 목적지는 10키로 정도 떨어진 알베르게이다. 순례자 대다수는 Leon에서 충분한 휴식을 취하고 30km를 걸어가기 때문에 우리가 묵을 알베르게는 분명 조용할 것이라고 확신했다. 작은 마을은 비수기엔 운영하지 않는 곳이 많으니, 먼저 전화로 운영 여부를 물어보았다. 3시간 정도 걸어서 도착한 알베르게. 문이 닫혀 있었다. 주인장에게 전화해보니, 금방 온단다. 마을엔 지나가는 사람도 지나가는 차도 별로 없었다.

주인장은 해맑게 웃으며, 알베르게 1층과 2층에 대해 안내해 주었다. 대문을 통해 들어가니 벽엔 피카소의 게르니카가 그려져 있었다. 2017년도 스페인 마드리드에서 지낼 때, 소피아 왕립 미술관에서 보았던, 게르니카. 이곳에서 다시 한번 마주하니 기분이 묘했다. 다음에 스페인에 다시 오게 되면 마드리드에 방문하여 게르니카를 다시 보리라 다짐했다. 짐을 풀고 잠시 마당에 나와 벽화를 다시 보는데, 고양이와 강아지가 마당 어딘가에서 나왔다. 고양이는 이제 겨우 3개월 되어 보였고, 강아지는 한국에서 보기 힘든 아주 큰 개였다. 덩치에 비해 전혀 위협을 가할 것 같지 않은 녀석이었다.

# ⟨마음 속 고요함⟩

  알베르게엔 언니와 나뿐이었다. 각자 편한 자리로 가서 각자 시간을 가졌다. 유리창 밖 하늘색이 어두워졌다. 빛이 주방의 등으로 모여드는 것 같았다. 좋아하는 음악을 틀었다. 나는 김윤아의 노래를 좋아한다. 노래에 무거움과 가벼움을 조화롭게 담아낸 그녀의 목소리, 그녀의 가사. 오늘 같은 날엔 무조건 들어야 했다.


  주변의 잔 소음이 시끄러운 게 아니고 마음속에 소음이 커졌었나 보다. 안락의자에 앉아서 해지는 모습을 보았다. 마당에 강아지와 고양이가 앉아 있었다. 가만히 그들을 응시했다.

# #.Note_9
# 어른 학교가 필요해

대학교를 졸업하고도 삶을 위해 배워야 할 것이 많다는 것을 인지하게
되었다. 세금을 어떻게 내야 하는 건지, 외국 여행을 계획하는 것,
집 계약을 하는 것, 자동차를 사는 것, 결혼하고 아기 계획을 세우는
것, 명절에 양가집에 방문 계획을 세우는 것 등등…. 돈을 버는 것은
사회생활을 시작하면서 가장 먼저 배우는 것이었다.

내 삶을 꾸리는 자금을 마련하는 것은 첫 번째 관문인 것이다.
다음으로는 수많은 것들이 있는데, 이런 사항을 학교에서 배웠다면
얼마나 좋았을까?

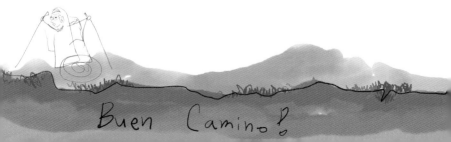

　온종일 길을 걷고 알베르게에 자리를 잡고 식사를 한다. 따뜻한 차 한 잔을 손에 쥐고 오순도순 모여 앉아 이야기를 나눈다. 대화가 오고 가는 것도 좋지만 그냥 듣기만 하는 것도 좋았다. 서양 사람이나 동양 사람이나 사는 모양새는 달라 보여도 비슷비슷하게 살아간다는 것을 보았다. 문화권이 달라도 꺼리는 일과 선호하는 일은 다들 비슷하다. 이점이 있는 것은 선점하고 싶고 기피되는 것은 당연히 피해가고 싶은 것이 인지상정!

　다들 비슷하게 생각하고 비슷하게 살아가는 거라. 따로 안 알려주는 건가? 아니면 학교에서 알려줬는데, 내가 못 들은 건가?

## _Hospita De Orbigo

## ⟨오늘도 어제처럼 걷는다⟩

하루를 편히 쉬고 나니 다음날 걷는 데엔 발걸음이 가벼웠다. 괜히 신나는 음악을 틀어 쓸데없이 에너지를 더 소모했다. 흥이 나서 뒤로만 안 가면 되지. 오른쪽으로 한 발 왼쪽으로 한 발, 엉덩이를 흔들고 스틱으로 길 양쪽을 찍으며 걸어갔다. 사람들이 만들어 놓은 돌로 된 화살표가 보였다! 레온에서 각자의 걸음 속도로 흐트러진 까미노 친구들. 다시 만날 수 있을까?

**Anik, Dagmar, David, Peter, Lisa, Stephen**

이들을 순례길 마지막에 만난다면 정말 기쁠 것 같다. 아, 다그마는 어디에 있을까? 그리고 아닉은 발목이 아파서 자전거를 타고 간다던데 어디쯤 도착했을까?

친구들의 위치가 무척이나 궁금해졌다. 가다 보면 만나겠지. 다시 길을 걸었다. 오늘은 알베르게가 열지 않아 다시 위치를 돌아가지 않았으면 좋겠다. 언제였지? 어느 날 샌드위치로 점심으로 때우다가 지나가는 리자를 만났다. 그녀는 마을에 열려 있는 식당을 보았냐고 물어봤다. 왔던 길을 조금 돌아가면 작은 슈퍼가 있다고 말했다. 그러자 그녀는 한숨을 푹 쉬고, 이렇게 말했다.

## "I'd never go back."

　오로지 직진만 한다는 그녀. 정말 약간만 돌아가면 있는 슈퍼인데, 오늘의 걸어야 하는 거리를 조금이라도 돌아가는 것은 용납할 수 없다고 한다. 이상하게도 그녀의 저 말이 머릿속에 남았다. 이후, 나도 다른 사람들을 만나면 "저는 절대 뒤로 돌아가지 않아요."라고 멋지게 말을 했던 것 같은데…. 실상은 꼬질꼬질, 힘들어서 눈도 제대로 뜨지 못했으니. 멋진 모습은 아니었을 것이다. 하하.

　언니와 나는 오후 2시 30분 정도가 되어 알베르게에 도착했다. 그런데…. 우려하던 사태가 발생하고 말았다. 오늘 묵으려고 했던 알베르게가 닫았다.

　아, 뒤로 돌아가면 열려 있는 알베르게가 있긴 한데…. 돌아가느냐, 마느냐!! 닫힌 문에는 앞으로 5km를 더 걸어가면 다음 마을에 열려 있는 알베르게가 있다는 안내문이 있었다.

**이런…. 어쩌지?**

# ⟨ 돌아가는 길 ⟩

리자는 이런 경우엔 더 걸어가 하루를 보냈겠지? 언니랑 나는 10분 정도 고민 후, 15분 정도 걸리는 근처 알베르게로 발을 옮겼다. 한숨이 나온다. 나도 멋지게 직진만 하고 싶었는데….

도착한 알베르게는 4인 1실. 작은 방에 두 개의 벙커베드가 놓인 방이었다. 핸드폰 충전을 하고 속옷과 양말만 간단하게 손빨래를 해놨다. 침대에 누워 아무 생각하지 않고 누워있다가 진동 소리에 일어났다.

**"레이다! 어디야?"**
**_Dagmar**

다그마한테 연락이 왔다. 그녀는 피터랑 같이 빠르게 걸어간다고 했는데, 웬일인지 그녀만 우리가 있는 곳으로 온다고 한다. 아무래도 발목에 무리가 왔나 보다. 나는 알베르게 데스크로 나가 그녀를 위해 한 자리를 예약해 두고 방으로 들어왔다.

**'내일 다그마랑 같이 걸을 수 있겠구나! 좋은데?!'**

# #.Note_10
# 어른들이 원망스러웠던 순간들.

아직 서른이 넘지 않아 젊은 나이이기도 하면서 이십대 후반이라 알 건 다 아는 나이. 참 애매하다. 내가 뭔가 안다고 하면, 나보다 많이 아는 사람들이 "너는 아직 부족해."라며 나타난다. 그리고 나는 아무것도 모른다고 말하면 어디선가 정말 아무것도 모르는 사람이 튀어나온다.

인생은 전부 상대적인 것이고, 각자의 잣대가 있어서 한 사람이 여러 사람의 눈엔 좋은 사람이 되기도 하고 이상한 사람이 되기도 하며, 헌신적인 사람으로 비치거나 동시에 이기적인 사람이 되기도 한다. 그런데 스스로 이런 모습을 인지하는 순간에 남에게 느꼈던 어느 혐오감이 어느새 자신을 향한다. 헐. 나에게 이런 이중성이 있었다니?!

Buen Camino!

솔직히 말하면, 이중성에 대해 알지 못한 것은 아니지만. 더욱더 솔직하게 말하면, 누군가 나의 이중성에 대해 인지하는 게 아닐까? 정체가 탄로가 날 것 같아서 겁이 났다. 그리고 이런 자신에게 진실로 놀람을 느꼈다.

사람들은 누구나 자신이 세상의 중심인 세상에 살고 있다. 주로 쓰는 가면이 피해자의 모습이든, 소극적인 모습이든, 강자의 모습이든. 그들은 각자의 드라마의 주인공으로 살고 있다. 내가 주인공인 이 드라마는 가끔 옆 채널에 조연으로 강제 캐스팅을 당해 주연의 드라마에 할애하는 시간이 줄어드는 경우가 간혹 생긴다. 그때를 빠르게 인지하고 내 자리로 돌아오면 문제는 없지만, 남의 드라마에서 활개를 잘못 치는 경우엔 일이 커진다. 생각만 해봐도 참…. 머리 아픈 경우가 많다. 자기 멋대로 타인을 내 드라마의 조연으로 만들거나 남의 드라마에 주연이 되려고 하는 사람들이 많으니까.

그리고 웃긴 것은, 누구나 한 번쯤은 남에게 피해를 준 사람이기도 했다는 것이다.

내가 겪은 상황을 한 발자국 뒤로 물러나 보게 되니, 비로소 인지하게 되었다. 그리고 나에게 다가오거나 떠나는 사람들과의 관계를 살펴보게 되었다. 괜히 마음을 더 주고 상처받거나, 이용하려고 마음을 주는 척하는 사람, 그리고 나 또한 그런 행동을 하지 않았는지에 대하여….

# 4부

## Muy Bien!

## _Astroga

　다그마, 언니, 나는 다음 마을에서 아침 식사를 하기로 결정하고 이른 아침 길에 나섰다. 예상과 같이 대부분 마을엔 열려 있는 바가 없었다. 흑흑…. 우리의 아침 식사는 2시간 30분 정도 후에 할 수 있었다. 허름해 보이는 알베르게와 함께 운영되는 바였다. 불친절해 보이는 첫인상의 주인이 투박하게 쓰인 메뉴판을 줬다. 스페인어…. 스페인어로만 구성된 메뉴판이었다. 그래서 콘 레체, 빵과 같은 간단한 단어를 해석하며 겨우 주문을 했다. 그리고 조금 뒤에 밥사발에 가득한 커피와 잘 구워진 빵과 잼, 버터가 나왔다. 사발 커피라…. 다그마의 설명으로 이해하게 된 것, 프랑스에서 이런 식으로 콘 레체를 마신단다. 근데 갑자기 이 타이밍에 누군가 문을 열고 들어와 인사를 했다.

**"안녕~ 잘 지냈어?"**

다비드다!!

(어디서 자꾸 나오는 걸까? 하하)

# 〈 또 다른 다비드 아저씨 〉

비가 왔지만 다그마, 언니와 함께 노래를 흥얼거리며, 열심히 걸었다. 중간에 만난 옥수수밭과 또 다른 David 아저씨가 기부제로 운영하는 쉼터에서 잠시 휴식을 가졌다. 신기한 아저씨였다. 눈이 파랗고 수염이 덥수룩했다. 그리고 냄새가 아주 진했다. 야영하는 사람이어서 씻는 곳이 마땅하지 않았을 거로 생각한다. 하지만…. 음~ 잊히지 않는 냄새..였다.

그가 오픈한 천막 쉼터에는 스위스 다비드(우리와 같이 걷다가 사라졌었는데…. 여기서 쉬고 있다니!!!)와 리자가 함께 쉬고 있었다. 리자는 마을에 도착할 때마다, 카페를 찾았지만 열려 있는 곳이 없어서 커피나 차, 물 등을 마시지 못했었다고 한다. 그래서 계속 걷다가 이 천막에 들어오게 된 거란다. 헌데 나를 제외한 모두가 이 아저씨와 이야기하기를 꺼린다?? 5분 정도 시간이 지나자, 나도 감을 잡았다.

그는 자신이 순례자들을 구원해야 하는 하느님의 계시를 받았다고 했다. 세상엔 다양한 사람들이 있다. 나는 아무 조건 없이 따뜻한 차를

내어주는 그가 싫지도 좋지도 않았다. 그저, 너무 말을 많이 하셔서…. 곧
자리를 일어나게 되었다.

꿀맛 같던 휴식 후, 다 함께 자리를 일어났다.

# ‹Astroga(아스트로가)도착!!›

오늘 도착지는 다들 'Astroga(아스트로가)' 다. 아스트로가는 초콜릿 박물관과 가우디가 지은 건물이 유명하다. 걷느라 지친 모두가 초콜릿 박물관으로 간다고 했고, 다비드만 가우디건물을 먼저 보고 초콜릿 박물관으로 온다고 말했다. 가우디 건축하면, 바르셀로나가 떠오른다. 웅장한 크기의 건물, 화려한 스테인글라스, 그의 전매특허, 자연으로부터 영감받은 건축 디자인은 시간이 지나도 그 세련됨이 녹슬지 않는다. 그런데 이곳의 가우디 건물은 아주 미니미한 건물이란다!!

알베르게에 도착해서 젖은 옷을 세탁하고, 간단히 가방을 털어 식사했다. 이 지역 자체가 언덕에 위치해서 빨래가 되는 동안 테라스에 앉아 그림을 그렸다. 컨디션이 좋다. 오늘은 마을의 명소를 다녀올 수 있겠다!! 처음엔 흥미가 생기지 않았다. 왜냐면 나는 이미 바르셀로나에서 가우디 건축을 보고 왔고 한국으로 돌아가기 전에 다시 한번 바르셀로나를 방문할 예정이었기 때문이다. 일단은 다른 일행들과 같이

초콜릿 박물관으로 향했다.

　그곳은 일반 박물관과 다를 것이 없었다. 조금 맛보라고 주는 초콜릿 조각, 그리고 특별할 것 없는 구성이었다. 오늘은 아주 많이 걸은 날이라 이대로 알베르게로 돌아가면 후회할 것 같아, 일행들을 보내고 가우디 건물로 향했다. 정말이지 동화책을 찢고 나온 모양이었다. 가우디가 이런 작은 건물도 만들었다니! 놀라움과 내부의 정교하며 절제된 듯하면서 화려한 문양에 놀라고 말았다. 압도되는 내부천장 장식. 혹시 Astroga를 방문한다면 꼭... 가우디 건축을 추천한다.

　이왕이면, 바르셀로나에서 사그라다 파밀리아 성당도 보시길!!

## ▄▄▄ _Foncebadon

산이다. 내내 오르막길이다. 이런 젠장. 너무 좋구나….

비바람이 분다. 오늘 이 산을 잘 넘어 숙소까지 도착할지 모르겠다. 어라??? 리자가 메시지를 보내왔다. Foncebadon에서 배드 버그에 물린 사람이 있단다. 숙소를 피하라고?

산티아고 순례길을 조금만 찾아보면 우리나라에선 걱정 없는 배드 버그 이야기가 나온다. 한번 물리면 엄청 가렵고, 일단 물린 모양새가 혐오스러워서 스페인에 오기 전부터 걱정이 많았었다. 바르셀로나로 입국하고 제일 먼저 구매한 것은 유심 카드와 배드 버그 스프레이였다.

에이. 여태 물린 적 없는걸~

(추운 11월, 여태 묵었던 알베르게에서 배드 버그는 눈곱만큼도 보이지 않았었다. 그래서 가방 무게를 덜기 위해 어디선가 버렸다지…? 흑흑)

    어느새 선두로 걸어가는 용 모양 모자를 쓴 다그마. 그녀의 뒤를 바짝 따라갔다. 길에서 동행하게 된 러시아인 알렉스와 함께, 가파른 산을 올랐다.

# <러시아에서 온 Alex>

새 친구 Alex. 그녀의 직업은 치과의사다. 그녀는 산티아고 순례길이 두 번째이고 너무 지친 날들을 보내다가 건강에 무리가 오면서 일을 잠시 쉬는 기간을 가졌다고 말했다. 그리고 의사 생활을 다시 시작하기 전에 한 번 더 순례길에 올랐다고 했다. 25살의 그녀. 러시아 발음에 빠른 영어. 그녀가 하는 말을 집중해서 들어도 반은 알아듣고 반은 놓쳤다. 하지만 난 그녀가 좋다. 이유는? 잘 웃어서!

알렉스와 대화를 할 때면, 옅은 담배 향이 났다. 그녀도 길에서 만난 스페인 David 아저씨처럼 진한 향이 났지만, 숨 쉬듯이 피우는 담배 덕분에 묘한 알렉스만의 향이 탄생하였다. 나는 장기 금연 중이었기에 그녀의 담배 향이 나쁘지 않았다. 오히려 간접적으로 향이라도 맡을 수 있어서 약간의 일탈하는 느낌이 들었다. 예전에 아빠가 해준 말이 떠오른다. 담배는 끊는 게 아니라 참는 것이라고. 그리고 금연하는 사람은 아주 독한 사람이니까. 그 사람이랑은 싸우지 말라고. 하하.

다그마는 알렉스를 좋아하는 것 같다. 솔직하게 자기 생각을 이야기하는 그녀. 이 둘이 서로를 알아보지 못할 리 없었다. 아, 이렇게 멋진 사람들을 만날 수 있다니! 끝없이 가파르게 기우는 길을 바라보면서 한숨도 나오지만, 이런 소중한 인연에 감사하며 다시 길을 걸었다.

# ＜산꼭대기 알베르게 ＞

마침내 도착한 산꼭대기 알베르게! 이날은 알베르게의 모든 사람이 다 함께 식사했다. 이곳에서 새로운 한국인 무리를 만나게 되는데, 방송국 일을 한다는 '민'님과 '우'님이다. 둘은 신혼여행으로 순례길을 오게 되었단다. 흥이 넘치는 이 두 사람 덕분에 스페인 폰세바돈의 알베르게 식당에 한국 노래가 틀어졌다. 'DJ.DOC와 함께 춤을', '강남스타일' 등의 한국 노래가 크게 틀어지고 한국인 무리는 떼창으로 노래를 불렀다. 그리고 외국인 친구들은 한국 음악에 맞춰 막춤을 추었다. 모두가 신바람이 났는데 다비드는 열심히 사진을 찍고 있고, 다그마는 중년의 웨이브로 무대를 사로잡았다. 알렉스는 담배를 왕창 피우고 술도 잔뜩 마시고 있었다. 언니는 **"오우~ 언니도 잘 논다. 하하하."**

그리고 그날 밤…. 침대와 침대 프레임 사이로 오싹하게 지나가는 움직임. 차가운 철제 프레임의 삐걱거리는 소리에도 일어나지 못할 만큼 술을 마셔서였을까? 너무 흥이 나서 재미나게 춤추고 이야기하고 이를 닦고 잠자리에 들었는데….

그렇게 긴장하고 주의했는데, 결국 사달이 나고 말았다. 술 때문에 간밤에 무슨 일이 일어났는지 기억은 나지 않았다. 배우자님이 한국에서부터 그렇게 조심하라고 주의하라고 했음에도 피해 갈 수 없는 게 이건가보다. 이놈의 배드 버그에게 엄청나게 물려버렸다. 물론 이날 아침엔 아무런 이상증세를 알아챌 수 없었다. 흑흑.

처음 길을 걸을 때 샀던 배드 버그 스프레이는 여행길 초반이 조금 지나고 버렸는데…. 너무너무 안타깝다. 왜냐면 이놈의 물린 상처 덕분에 나흘 동안 강제 금주를 해야 했기 때문이다. 이런!!

# #.Note_11
# 신은 한 사람이 견딜 수 있는 만큼의
# 시련을 주신답니다.

매일 새로운 마을에 도착했다. 도착 시각이 6시 이전이고 미사 시간이 맞으면, 성당으로 향했다. 모든 미사는 스페인어로 진행되어 눈치를 보며 일어서고 앉았다. 앞에서 무슨 말씀을 하시는지 알아듣지 못해도, 이 시간에 과거에 내가 저지른 죄를 생각하거나 현재의 고민을 돌아보았다. 그래야 하는 시간이었다.

삶이 힘들다고 느껴질 때, 그때는 시험의 시기라고 했다. 너무나도 힘들지만, 그 언덕을 넘을 만큼 근육을 늘리고 시간은 걸리더라도 계속해서 시도하면 넘어가리!!! 그런데 말이다.

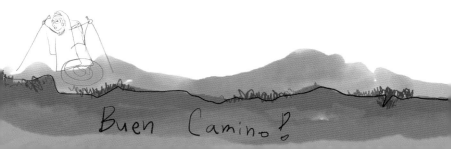

Buen Camino!

그 시험이 내가 보려던 시험이 아니라면?

그 언덕이 내가 가려던 방향과 맞지 않았다면?

나는 꼭 그 시련을 이겨내야 할까?

앞으로 겪게 될 삶의 언덕이 내 목적지까지 가는 길 위의 것인지 확인하려면, 목적지의 정보를 알아야 한다. 그리고 그곳이 내가 정한 장소가 맞는지, 방문 목적이 무엇인지 알아야 한다. 그래야 넘어야 하는 언덕을 골라낼 수 있을 테니….

**내가 그 시련을 모두 넘어갈 수 있다고**

**스스로 자만하지 않으리….**

**아멘.**

## _철의 십자가를 지나서

## < 철의 십자가 >

어제 오른 경사만큼 내려가야 하는 날이다. 등산보다 하산이 힘들다는 말이 무슨 뜻인지 알게 되었다. 발 디딜 곳을 확인하며 내려가지 않으면 발목을 다칠 수 있어서 더욱 조심해서 걸었다. 며칠 전 다그마가 돌을 준비하라는 말을 했었다. 조금 더 걷다 보면, 걱정을 내려놓는 십자가가 나올 것이라고 말이다.

조금 더 걷다 보니, 발걸음 빠른 알렉스가 보였다. 기도하는 것 같아 보였고, 그녀를 배경으로 '철의 십자가'가 보였다. 자갈 언덕 위에 나무 기둥, 그리고 그 끝에 철로 십자가가 서 있었다. 사람들은 이곳에서 순례길을 걸으며 눈에 띄었던 돌을 내려놓고 간다. 얼마나 많은 사람이 걱정을 내려놓고 갔는지, 얼마나 많은 사람이 순례길을 다녀갔는지 짐작할 수 있었다.

길을 같이 걸어온 언니와 다그마, 알렉스. 우리는 각자 잠깐의 시간을 가졌다. 그리고 알렉스의 러시아어, 다그마의 독일어 덕담과 진한 포옹을 받았다. 무슨 뜻인지 모르겠지만 눈물이 왈칵! 나도 한국어로 둘에게 덕담했다.

# < 첫 번째 굿바이 >

　　Ponferrada(폰페라다)를 향해 떠나는 날이었다. 아침에 뭔가 차분하게 다가와 인사를 건네는 다비드. 무슨 일이지? 오늘은 오랜 시간 같이 걸었던 이 친구와 마지막이 되는 날이란다. 다비드는 일정을 맞추기 위해 오늘부터 40km씩 걸어서 간다고 말했다.

　　와~ 40km? 그는 참 걸음이 빨랐다. 주말에 뒷산에 올라 동네를 내려다보는 것, 조금 집에서 떨어진 곳까지 오토바이를 타고 가서 다시 등산을 하는 것. 이것이 그의 취미라고 했었다. 그는 스위스 사람이라 이 정도 산은 별거 아닌가? 한국인이 매운 음식을 잘 먹는 것 같은? 그런 건가?

　　이런 스위스 날다람쥐를 따라갈 방법은 없었다.
아쉽지만, 인연이 된다면 또 만나겠지. 인물 그림에 눈을 뜨게 해준 나의 뮤즈에게 고양이 그림을 선물했다. 그의 손안에서 편히 자던 고양이 두 마리.

평소에 그림 선물은 웬만하면 하지 않는 나지만, 다비드 덕분에 즐거운 순례길이 되었으니 흔쾌히 드로잉을 선물했다. 예쁜 회색 고양이 두 마리와 함께 아닉, 피터, 다그마, 언니, 나와 함께 했던 그 날을 기억해 주기를 빌며…! 다비드 잘가!!!

**또 보자.**

## _O Cebreiro

오늘도 산맥을 오른다. 굽이지게 오르락내리락을 반복하는 구간이다. 아닉과 알렉스는 발걸음이 비슷하다. 나도 빠른 걸음이지만, 나에겐 언니라는 동행이 있었다. 언니는 외국 생활을 길게 했음에도 혼자서 무언가 하는 것에 대해 겁이 많았다. 한참을 걷다가 뒤를 돌아보면, 언니는 바닥에 시선을 고정하고 저 뒤에서 걸어온다. 나는 잠시 멈춰서 주변을 보고 그녀를 기다렸다. 그러다 보니 다른 동행들은 이미 저 멀리 간 상태였다.

이상한 전우애로 우리는 걸었다. 끈을 달고 걸어가는 기분도 간혹

들었다. 늦게 오는 누군가를 신경 쓰며 걷는 것엔 마음껏 걷지 못하는 아쉬움이 따라 붙여졌다.

높은 지형으로 들어서니, 안개가 끼어 앞이 보이지 않았다. 길은 보이지만 풍경은 전혀 보이지 않는 상태. 안개가 자욱했지만, 다행히 비는 오지 않았다. 지난밤, 비가 와서 온 바닥이 진흙투성이였지만 나름 걸을만했다. (선택의 여지가 없으니)

# < 땀이 나고 숨이차고 가렵고 >

배드 버그가 물린 곳이 부어올라, 땀이 나면 가렵다. 술도 마실 수가 없었다. 술을 마시면 배드 버그가 물린 곳이 미친 듯이 가려웠다. 짜증 나는 이 가려움을 표현해 보자면, 밥을 시키다가 붉은 반점이 떠오르고, 빵에 올리브유를 바를 때도 간질거리는 느낌이 난다. 산을 오를 때 땀이 반점을 지나가면 이상하게 더 간질 거리면서 벌레가 살에 붙어 있는 상상이 되었다. 으악…!

광란의 춤 파티의 전리품인가?! 가방끈이 닿는 부분은 긁을 수 없어 차라리 나았다. 하지만 손목 위쪽이나 팔에 물린 부분은 의지로 긁지 않아야 해서 난감했다.

계속해서 산맥을 오르락내리락하면서 발목에 무리가 온 것 같다. 발목, 종아리 중간 앞부분 뼈에 통증이 시작되었다. 뼈가 아픈 기분은 처음이다. 금이 간 건가? 만약 금이 갔더라도 이상하지 않았다. 걷다 보면 어제까지만 해도 멀쩡했던 순례자가 깁스를 하고 오는 경우가 많은데, 실제로 다리에 금이 가도 모르고 걷는 사람이 많다고 한다. 하….

숙소는 산꼭대기, 안개 자욱한 곳의 대형 알베르게로 가게 되었다. 알렉스와 다그마 옆 침대를 배정받았다. 아⋯. 그녀들에게 진한 향이 나는구나. 오늘 걸은 코스는 험난했기에 둘은 빨래를 하지 않는다고 했다. 내일이나 모레 한다고 하하.

# _마지막 대중교통 찬스!

## 〈 택시타고 하산하기 〉

　발바닥에 송곳으로 찌르는 듯한 통증이 시작되었다. 어제 발 마사지와 동전 파스를 잔뜩 붙이고 잤는데 효과는 없었다. 오늘 걸어갈 코스는 내리막과 약간의 언덕이다. 조금만 더 걸어가면 산티아고까지 100km 거리인 Saria(사리아)에 도착하게 된다. 사리아부터 산티아고까지는 도보로 걷고 순례자 증서를 받고 싶은데 다리에 이상이 생긴 게 아닐까? 걱정되기 시작했다.


　스케치북을 펴볼 여유는 0%…. 종이와 채색 도구를 버리지 않도록 정신을 차리고 있다. 고산지대는 안개로 시야가 가려져서 걷는 동안의 감동 혹은 성취감이 덜했다. 그리고 약 2시간을 걷고 도착한 바에서 영국인 앨리스와 그녀의 동료를 만났다. 앨리스는 이 추운 날 아이스크림을 먹고 있었다. 언니와 따뜻한 핫초코 한 잔과 츄러스를 주문했다. 바 가장자리에 있는 벽난로 앞에 앉아서 고민을 했다...

### '택시를 탈까?'

바는 오늘 걷는 코스의 정점에 있었고 앞으로 내내 내리막길이 이어졌다. 사리아부터는 꼭 걸어서 가겠다는 다짐을 마음속으로 다지고 주인장에게 택시 기사를 불러 줄 수 있느냐고 물어봤다. 주인장이 여기저기 전화를 거는 동안, 바에 반가운 얼굴들이 나타났다. 다그마와 알렉스!

### "우린 택시를 타고 내려갈 건데 같이 갈래?"

물론 질문의 답은 짐작되었다. 다그마와 알렉스라면 걸어서 갈 것이라고. 다그마는 이미 발목 상태가 심각했지만, 그래도 그녀는 걸어 내려가겠다고 말했고, 알렉스는 상태가 매우 좋았다.

언니와 나는 모두에게 포옹하고, 택시를 탔다. 마음속으로 되새겼다.

### 마지막으로 타는 거야…!

택시 타고 약 30분이 지나, 우리는 30km를 이동했다. 드디어 사리아에 도착했다.

_Saria~

## ‹ 100km 남았다 ›

이제 드디어 100km 남았구나. 믿을 수 없다! 진짜 순례길 저만큼 남기고 걸었다고? 대단해 우와. 그런데 이 아쉬움은 뭐지? 순례길을 단기로 시작할 수 있는 지점인 Saria이다.

간밤에 다그마의 발목 염증이 심해졌다는 연락을 받았다. 내리막길은 발목에 정말. 큰. 무리를 준다. 걱정이 되었다. 알렉스는 몰라도 다그마는 택시에 태워서 데리고 내려왔어야 했나…? 알렉스가 의사니까(치과지만) 병원에 잘 데려갔겠지? 산티아고에서 꼭 만나자고 메시지를 보내고 언니와 알베르게를 나왔다.

**"언니! 우리 물 사서 가자."**

    며칠 전, 마을 중앙에 있는 식수용 분수가 있었다. 나는 무심코 그 물을 병에 담아 마시고 일주일이 넘게 설사병으로 고생 중이었다. 배드 버그 물린 자국에 설사병까지! 가방에 물이 없어서 운영 중인 슈퍼를 찾았지만, 이른 시간에 열린 슈퍼는 없었다. 물은 무겁지만 마을을 벗어나기 전에 필수로 챙겨 가야 하는 아이템이다. 다행히 불 켜진 바를 찾을 수 있었다. 바에 들어가 생수 한 병을 집었다. 그리고 계산을 하는데, 익숙한 목소리가 들렸다.

**"Hey. Girls!!"**

스위스 날다람쥐 다비드가 아닌가?! 날다람쥐는 역시 달랐다. 택시를 타고 점프해서야 그와 속도가 맞춰지는구나. 그렇다면 네덜란드 피터는 벌써 도착한 게 아닐까? 그와 반갑게 인사를 했다. 이젠 그가 우리를 발견하는 것은 신기하지도 않았다. 다비드는 갑자기 나타나는 게 설정값이니까. 하하.

우리는 같이 길을 걸으며 이야기를 나눴다. 그는 우리를 무척이나 반겼다. 그리고 수다쟁이로 모드전환을 하였고 덕분에 많은 이야기를 들을 수 있었다. 다비드가 사진 한 장을 보여줬다. 스위스 친구들과 단체로 수염을 흰색으로 염색하고 산타 모자를 쓰고 찍은 사진이었다. 단체로 수염을 염색한 것도 신기했지만, 열 명 가까이 되는 남자들이 다들 수염을 길러 모여있는 것도 신기했다. 수염에 대해 이것저것 대화를 나눴다. 수염을 모양을 잡아 자르고 수염용 에센스와 스프레이로 관리해줘야 멋진 수염을 기를 수 있다고 했다. 하하!
수염 이야기가 끝나갈 즈음 그가 말했다.

**"레이다. 자코메리라는 화가 알아?"**

자코메티는 내가 굉장히 좋아하는 화가다. 몰랐던 사실로, 자코메티가 스위스 사람이라는 것을 알게 되었다. 그리고 그의 드로잉 작품이 가득한 미술관이 스위스에 있다는 것이었다. 마드리드와 런던, 파리 유명 미술관에 방문하면 자코메티의 작품은 항상 있었는데, 대부분 유화 작업이었다. 그런데 연필 드로잉이 가득한 미술관이라고?

엄청난 흥미가 생겼다. 더구나 그 미술관은 약간 산턱에 있다는데, 스위스에 방문하면 미술관까지 안내해 주겠다고 했다. 물가가 비싼 스위스에 현지인 친구가 미술관 가이드도 해준다고 하니, 무조건 가야지!

그는 미국에 있는 여자 친구와 크리스마스를 보내기 위해 순례길 일정이 끝나는 대로 본국으로 돌아가 다시 미국 여행을 가야 한다고 했다. 그래서 서둘러 순례길 완주를 하려고 하는 것이라고 말했다. 스위스 날다람쥐에게 날아가야 하는 사연이 있었구나. 오늘에서야 그의 사연을 듣게 되었다. 다그마가 스위스 사람들(추운 지역)은 자기의 이야기를 별로 하지 않는다고 했는데 다비드는 생각보다 자기 이야기를 해준다?! 친구가 되었나 보다. 1시간 반 정도, 우리는 시간 가는 줄 모르고 대화를 나누며 길을 걸었다. 그리고 다음에 도착할 도시인 Portomarin(포루토마린) 에서 다시 만나서 저녁 식사를 하자고 약속하고 각자 길을 걸었다.

다비드랑 길을 걸었고 많은 이야기를 나누다 보니 언니는 어디 있는지 보이지 않았다. 한참 뒤에서 오고 있을 것이다. 이따 만나면 성을 내려나? 약간 걱정이 되면서도 혼자 길을 걸으니 또 다른 여행이 시작된 기분이 들었다.

고요한 길, 내 신발에 쓸리는 낙엽 소리, 짓눌리는 진흙의 질퍽 이는 소리, 일정 간격으로 들려오는 나의 날숨소리. 내려오는 햇빛을 눈으로 감상했다. 다행히 비가 오지 않았다. 비가 오는 날엔 판초가 부스럭거리는 소리와 바람 소리 때문에 숲속의 나무가 흔들리는 소리를 즐길 수 없었다. 하지만 지금은 그 소리를 즐길 수 있게 되었다.

# #.Note_12
# 어른들의 시간.

생각이 많아져서 궁금증의 시작이 어디에서 시작되었는지 나중에는 영영 찾기 힘들어지는 때가 있다. 머리가 아프다. 순례길에 가게 된 것도, 아마 나는 뭐 하는 사람일까? 그리고 결혼을 하고 어른이 된 것 같았는데, 아니었다는 절망감? 계속해서 낙담하게 되었다.

너무 못난 것 같은 질문이지만, 삶을 계획적으로 알차게 살고 싶은데. 회사에 다닐 땐 일 년을 남의 계획을 위해서 일하느라 내 시간을 돈으로 정산받는 게 싫었다. 그리고 지금 자유롭게 내 시간을 쓰는 이때엔, 내 시간이 너무 확확 지나쳐져 버려서 뭔가 낭비하는 사람이 되어버린

기분이 들었다. 쓸모 있는 사람이 되고 싶다고 말하면서, 남이 나를 쓰기 좋게 보는 것은 또 싫었다. 회사에 다니는 배우자와 이야기를 나누면, 그는 고민이 없이 행복해 보이다가도 이야기가 길어지면, 그도 고민이 참 많다는 사실을 알게 된다.

이런 갑갑한 마음을 누군가와 나누고 싶지만, 다들 자기 일을 하느라 굉장히 바쁜 시간을 보내고 있다. 이제는 주변 대부분 사람은 어른이 되어 함께 놀 시간도 만들어야 했다. 어른들의 시간은 이렇게 바쁘게 흘러간다.

_Melide

# 〈 혼자 걷기 〉

　며칠 전부터 언니와 따로 걸어보기 연습을 시작했다. 사실 나를 위한 연습이기보다는 그녀를 위한 연습이었다. 나는 내가 얼마큼 걸을 수 있는지 확인해보고 싶다는 생각이 강해졌다. 이제는 100km도 남지 않았다.

순례길은 오르막과 내리막 그리고 평지가 계속 섞인 코스로 이루어져 있다. 가방의 무게도 각자 다르고 걷는 보폭도 제각기 다르다. 쉬어가도 싶은 포인트도 다르다. 그래서 서로 다른 생각을 하고 있던 언니와 나는 드디어 말문을 열었다.

그녀가 말하길, 자신은 한 번도 혼자 순례길을 걸어볼 생각을 해본 적이 없다고 강하게 말했다. 지난날에 이런 대화를 한 기억이 났다. 왜일까? 왜 혼자서 걷는다는 생각을 안 한 걸까? 길을 걷다 보면 다들 자연스레 흩어지고 다시 만나는데….

어제 이 문제에 대해 다비드에게 이야기를 했다.

**"레이다! 네가 혼자만의 시간을 가지고 싶어 하는 거 알아.**
**Alexis(언니)에게 이야기하고 너만의 순례길을 걸어.**
**분명 이해해 줄 거야."**

하지만 나와 그의 예상은 보기 좋게 빗나가 버렸다. 언니는 생각보다 큰 액션을 취했다. 내가 잠시만 보이지 않아도 (화장실에 다녀왔다.) 얼굴이 벌게져서 나를 찾았다.

이번 여행은 우정을 위한 여행은 아니었는데…. 서로 생각했던 여행이 매우 달랐다. 그녀의 입장에서 보면 또 다르겠지만. 나는 너무 숨이 막혔다. 결국, 우리는 각자 스피드로 걷고, 2일 뒤에 만나기로 약속을 했다.

# < 하루 40km 걷기 도전!! >

다행히 비가 오지 않았다. 30km까지는 여느 때와 같았지만 이후의 시간은 정강이와 무릎뼈 중간 부위에 통증이 시작되었다. 우와. 하루 평균 걷는 양을 늘리니 정말 힘들구나. 새삼 놀라웠다.

오후 5시가 되었다. 앞으로 2시간만 더 걸으면 목적지인 멜리데에 도착하게 된다. 순례자들이 거의 보이지 않는다. 5시쯤 아직도 길에 있다면 이들은 분명 무리하는 순례자일 것이다. 내가 그랬다.

한 시간 정도 더 걸었을 때, 내 뒤로 발걸음 소리가 들려왔다.

**"Hi, there."**

엇? 지난 어느 날 아침 식사 때, 나에게 버터를 조금 받아 간 사람을 여기서 보다니! 그는 내 왼쪽 3번째 침대를 썼는데, 밤늦게까지 친구들과 수다를 떨어서 좋은 인상은 아니었다. 하지만 그를 길에서 다시 만나고 먼저 인사를 건네주니. 이상하게 반가웠다.

딱히 할 말이 없었고 둘 다 오늘의 무리한 걸음을 예상해서일까? 우린 말 없이 한동안 같이 걸었다. 그리고 그는 자기는 먼저 가보겠다며, 작별 인사를 건네고 뛰어갔다. Melide(멜리데)에 도착하기 30분 전이니, 그는 사력을 다해 숙소로 뛰어가는 듯 보였다.

곧이어 마을에 도착했다. 도착 시각은 오후 7시. 무척이나 힘든 일정이었다. 알베르게는 미리 알아보지 않았다. 곧장 bar에 들어가 시원한 맥주를 시켰다. 그리고 바로 한 잔을 들이켜고, 공상에 빠졌다. 20분이 1분처럼 지나갔다. 땀이 식어 약간 오싹한 느낌이 들었기 때문에 정신이 돌아왔다. 이제 어디로 가지? 알베르게는 싫었다. 오늘만은 욕조 있는 숙소를 잡아 목욕하리! 결심했다. 나는 오늘 아주 넓고 깨끗하고 욕조 있는 호텔로 가겠다!!

대로변에 위치한 호텔로 들어왔다. 생각보다 친절한 데스크 직원. 여태 만났던 스페인 어느 서비스 중에서도 으뜸이었다. 오, 나를 녹여줄 욕조가 있는 화장실이구나. 호텔의 하얀 침대 커버는 땀범벅인 나에겐 그저 보는 것만으로도 심신을 정화해주었다.

오늘은 너무 힘든 날이었고, 생각이 많이 들던 밤이다. 밥도 먹은 것 같지 않고, 포근한 듯 보였던 방은 새벽이 되어 차갑게 식어버렸다. 침낭을 펴서 들어가서 자야 했을까? 욕조가 있다는 것만 확인하고 숙소를 예약한 것이 나의 불찰이었다. 라디에이터를 밤에 끄지 말아 달라고 데스크에 미리 얘기해 놓았어야 했는데, 지난날 너무 많이 걸어서 역시 타격이 있었다. 여러 가지로 정말 힘든 하루였다.
추운 밤이 지나고 아침이 되었다.

# < 다비드가 Melide에?! >

다비드와 아침 식사를 함께하기로 했다. 이 친구도 어제 나처럼 40km를 걸어온 것이다. 우리 둘 다 얼굴이 말이 아니었다. 그는 산티아고에 도착하면, 스위스로 갔다가 다시 미국에 가야 한다는 말을 다시 해줬다. 은근히 스트레스인가보다. 하긴, 일정이 빠듯해서 오늘도 40km를 걸어야 한다고 했다. 우와…. 나는 고개를 저었다.

## "다비드. 너의 그녀는 어떤 사람이야?"

처음으로 그의 사랑하는 사람에 대해 질문을 했다.
사실, 사랑하는 사람에 관한 질문을 가볍게 던지면, 대답이 굉장히 무거워지기 때문에 사랑에 관한 질문은 웬만하면 하지 않았다. 하지만 그와는 오늘이 정.말.로. 순례길에서의 마지막이었기에, 물어보았다.

그녀는 미국 오하요에 살고 있고, 신실한 기독교인이라고 말했다. 그의 말을 빌려 적어보자면, 하느님이 정해주신 예비 배우자라는 것이다. 자신도 그녀도 하느님의 계시로 서로가 좋은 배우자가 될 것임을 단박에

알았다고 한다.

뭔가 시적인 표현이었다. 나는 종교인이 아니지만, 신실한 종교의식이나 철학에 대해 배려하려고 노력을 한다. 내가 완전히 이해할 수는 없지만, 상대방이 가장 예민하고 배려를 바라는 부분일 테니. 경청했다.
그녀를 만나러 가는 날이 얼마 남지 않아 긴장된다는 그의 말에 좋은 시간을 보냈으면 좋겠다고 대답했다. 그리고 나중에 스위스에서 만나게 되면, 그녀가 너의 아내가 되어 있으려나? 하하.

이번엔 다비드가 나의 배우자에 관한 이야기를 부탁했다.

그는 내가 많이 아껴주고 싶은 사람이라고, 장을 보면 무거운 장바구니를 대신 들어주고 싶은 그런 사람이라고 말했다. 또, 그가 무표정이 되면 온갖 웃긴 이야기로 웃게 만들고 싶은 사람이라고 말했다. 나는 짧은 영어였지만 열심히 설명했다. 한국 사람의 특징은 듣기 실력이 말하기보다 좋다는 것이 비밀 아닌 비밀이지. 하하.

사랑하는 사람에 관한 이야기로 우린 긴 아침 식사 시간을 가졌다. 다비드의 이야기를 들으며, 나는 배우자님을 생각했다. 그리고 이 긴 여행

기간 동안 한국에서 일하는 그를 생각했다. 그는 2019년 2월에 대학원을 졸업하여, 취업했다. 학생일 때는 내가 벌어 학생 배우자님과의 생활을 책임졌는데, 지금이 그의 차례였다.

그 고단함을 알고, 힘듦을 알기에 감사한 마음이 더욱 커졌다. 그리고 순례길에서 보고 느낀 모든 것을 그에게 전하고 싶다는 생각이 들었다. 일단, 내가 그린 그림을 보면 일정 부분은 전해지지 않을까?

긴 식사를 마치고 작별 인사를 나눴다. 그리고 혹시 먼저 가는 길에 피터나 아닉을 만나게 된다면 안부를 부탁했다. 그는 나보다 빠르니까. 아마 만나게 되겠지. 그렇게 스위스 날다람쥐와 작별 인사를 나눴고, 약 3번째 작별 인사. 진짜 마지막 인사가 되었다.

**"Buen Camino, David! See you again!"**

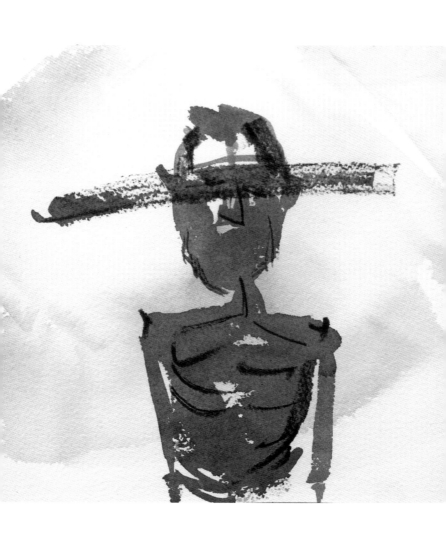

## 〈 산티아고에 도착하다 〉

언니와는 Arzua(아르주아)에서 만났다. 산티아고에 도착하는 날까지 출발과 알베르게 도착은 함께 했지만 길 중간은 각자 걸었다. 언니는 몸 상태가 좋지 않아 버스를 타고 이동하며 컨디션 조절을 했고, 우리는 드디어 도착했다.

12월 7일 산티아고에 도착한 날. 순례길 완주를 기념하며 외식을 하고 다음 날부터 도착하는 친구들을 놀라게 해줄 준비를 했다. 꼬질이에서 조금 꾸민 한국인으로 변신!!!

산티아고에 도착하니 어땠냐고? 글쎄, 음... 생각보다 특별한 건 없었다. 하하. 그래서 이상했다. 산티아고 성당 앞에 서면 굉장한 감동이 오지 않을까? 생각 했었는데...

언니와 둘이 도착했을 때, 그저 큰 성당이 있었고 모두가 거기서 사진을 남겼다. 우리도 예외가 아니었다. 숙소를 잡고 커피를 마시고, 낮잠을 잤다. 뭔가 빠진 느낌이 계속 있었는데, 이제 알겠다!

**친구들이었다!**

# < 마지막 식사 >

8일이 되었다. 다비드를 제외한 까미노 친구들 모두를 만났다. 다 같이 저녁 식사를 했다. 피곤한지 피터와 아닉, 다그마는 내일 또 보자며 숙소로 들어갔다. 젊은이들만 남은 건가? 파리로 돌아가는 마이엘리즈, 조셉, 이야기만 들어왔던 스위스 마크와 저녁 술자리를 가졌다. 순례길의 유일한 커플인 파리 출신 둘의 러브 스토리를 들었다. 저녁에 리자와 스테판도 우리가 있는 바에 왔다. 리자는 풍성한 금발 머리를 뒤로 넘기며, 독일로 다시 돌아가는 일정을 이야기했다. 자전거를 구매하고 그걸 타고 독일 함브르크 집까지 간단다. 하하. 그녀의 까미노는 이제 절반인 것이다. 입이 떡 벌어져 찬사를 보내자, 스테판이 자신도 걸어서 혹은 자전거로 독일 베를린으로 돌아간다고 했다. 이 친구들은 넘사벽이다. 마크는 옆에서 고개를 저었다. 자신은 기차를 타고 스위스로 넘어갈 것이라고 말했다. 현명한 사람!

다음날 아닉, 다그마, 리자, 스테판, 알렉스, 언니와 나는 마지막 식사를 하였다. 메뉴판을 받고 서로 눈을 마주치고 주문한 음식을 먹다가

울컥했다. 아, 이게 진짜 마지막이라니! 어제까지만 해도 괜찮았는데, 걷다가 흩어져도 다시 만날 수 있던 이 친구들. 이제는 따로 시간을 내고 비행기로 이동을 하여야만 만날 수 있겠지? 가슴이 뜨끈해졌다. 산티아고에 도착해서 별 느낌이 없어서 의아했는데, 산티아고에 도착해서 하는 일이 친구들과의 마지막 작별 인사라니! 눈물이 많은 알렉스와 나, 다그마는 계속해서 찔끔찔끔 눈물을 흘렸다. 이상하게 눈물이 났다. 분명 우린 다시 만날 수 있는데, 아쉬움이 이런 걸까?

식사가 끝나고 우리는 다시 볼 날을 기약하며, 흩어졌다. 산티아고에 도착한 지 3일 만에 진짜 순례길이 끝난 기분이 들었다. 이들이 없었다면, 소중한 순례길의 경험이 빛날 수 있었을까? 어쩌다가 마주쳐서 이야기하고 찌그러진 빵을 나눠먹고, 발 마사지 봉을 빌려주며 친해진 우리. 촉촉해진 눈, 콧물을 훔치고, 우리는 포옹했다. 그리고 철의 십자가 앞에서 각자의 모국어로 덕담을 나눴던 것처럼 마지막 포옹과 덕담으로 작별 인사를 나눴다.

**또 보자! 건강하고. 고마워!**

# < 다그마와 아닉 >

　　다그마는 독일에 사는 2명의 딸과 1명의 아들의 엄마이자 화가이다. 아닉은 자녀의 여부는 모르지만, 비즈니스로 머리부터 발끝까지 커리어의 아우라를 뿜뿜하는 사람이다. 이 둘은 너무나도 다르지만, 서로를 밀어주고 당겨주며 순례길을 걸었다. 처음 까미노 친구들을 만나 어울릴 수 있도록 이런저런 제안을 해준 아닉. 그녀가 아니었다면, 이렇게 멋진 인연을 만날 수 있었을까? 다그마. 오 나의 다그마. 한국에 돌아와서 일주일에 한 번은 연락을 주고받고 있다. 그녀의 동거인 토마스와 다툰 일들이 어느 정도 정리되었다고 했다. 가끔은 자신의 작품 사진을 보내주며 나의 그림도 보여 달라는 연락이 왔다. '보고 싶다'라는 말이 그녀의 모습과 함께 떠오른다.

　　아닉과 다그마의 방은 언니와 나의 숙소 맞은편에 있어서 우리는 조금 더 이야기를 나누고 그녀들을 스케치북에 담을 수 있는 시간을 얻었다. 둘은 가장 편한 자세로 대화를 나눴다. 다그마는 아닉에게 독일로 돌아가서 삶의 균형을 어떻게 잡아야 하는지 이야기하다가 침묵했다.

그녀의 표정이 찡그려졌다. 붉은 기운이 돌더니 곧 미소가 떠올랐다. 그녀는 좋은 사람을 떠올렸다고 했다.

아닉은 엽서를 사서 지인들에게 편지를 쓰고 있었다. 수첩에 한 명씩 이름을 적어 놓고 일 처리 하듯 한 장씩 써 내려갔고 나는 그녀를 종이에 담아냈다.

순례길의 마지막 밤. 나는 순례길에서의 추억을 오랫동안 기억할 것이다. 그리고 사랑을 가득 담아, 사소한 고민도 진지하게 들어주고 함께 밥 먹고 걸은 친구들의 멋진 내일들을 응원할 것이다!

멋진 그녀들을 종이에 담고 방으로 돌아오면서 순례길의 마지막 걸음을 세었다. 다섯 발자국을 걸어 우리방으로 왔다.

언젠가 다시 만나 순례길 위에서 노상 방뇨를 하고 포도를 몰래 따먹던 이야기를 하며 웃음꽃을 피울 그날을 떠올려 본다.

**부엔 까미노!**

# #.에필로그

    순례길은 나의 도피 여행이었다. 현실의 삶에서 어딘지 모르는 곳에 실타래가 뭉쳐버렸고, 문제가 발생한 부분을 찾지 못해서 길에 올랐다. 걷다 보니, 내가 가졌던 고민은 누구나 가진 고민과 다르지 않다는 것을 알게 되었다. 나이와 상관없이 모두가 각기 다른 고민을 가지고 순례자로서 길을 걷고 있었다. 고민의 경중의 문제가 아닌 고민에 얼마나 많은 시간과 노력을 들였느냐에 따라 얼굴에 머금어진 표정이 달라졌다. 다른 생각과 삶을 사는 모두가 같은 길 위에서 밥 먹고 이야기하고 빨래를 하면서 소소한 추억을 만들었다. 산티아고 순례길에 다녀왔다고 해서 해탈을 하거나 답을 얻지는 못했다.

Buen Camino!

그냥…. 이상하게 순례길을 떠올리면 예기치 않게 만난 전 세계 친구들. **"까미노 친구들"** 이 떠오르며 저절로 미소가 떠오른다. 그리고 그 미소가 얼굴에 띄어지고 지금 고민의 긴장을 조금은 느슨하게 풀어주는 기분이 든다.

여행이란 것은 쉼표를 찍는 행위인가보다. 마음이 아무리 급해도 순례길을 걸으며 하루 20~30km를 걸었다. 욕심을 내서 더 걸으면 다음 날 몸이 아파져 시간이 더 늦춰졌다. 처음 팜플로나에서 걷기 시작하던 날엔 처음부터 끝까지 걷기만 할 거라고 다짐했었지만, 비행기와 기차, 배를 뺀 모든 대중교통을 1회 이상 이용했다. 꽤 긴 구간을 건너뛰었으면서도 생각보다 긴 거리를 걸었다. 산티아고에 도착한 시간은 다들 달랐지만, 결국 마지막 도시인 이곳에서 어디 알베르게에서 만난 그를, 어느 저녁에 인사를 나눴던 그녀와 다시 만나게 되었다. 그리고 빨리 가봤자 소용없다는 큰 교훈을 얻었다.

경험이란 것은 지극히 개인적인 것이다. 모두가 다른 감상과 감동을 했겠지. 하지만 다들 산티아고에서 자기 자리로 돌아오면 이렇게 말할 것이다.

딴건 몰라도 커피랑 와인, 빵이 그립다고...

**올라! 카페 콘레체 뽀르빠뽀르~!**

**(안녕하세요. 카페 콘레체 주세요.)**

**P.S. 부족한 실력이지만, 첫 책이자 여행 드로잉을 담은 이 책이 독자에게 어떻게 다가갈지 걱정이지만, 하나의 조언은 남길 수 있어서 기쁘다.**

혹시 11월에 순례길을 걸으러 가신다면,
판초 우의에는 꼭 돈을 아끼지 말라고 당부하고 싶다.

Buen Camino!

*Remember Our Santiago!*
2019

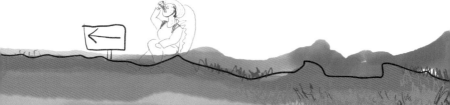

*Buen Camino !*

# 까미노 여행 스케치

| | |
|---|---|
| **종이책 발행일** | 2020년 6월 8일 |
| **1판 1쇄 발행** | 2020년 6월 8일 |
| **ISBN** | 979-11-970070-2-6 |
| **전자책 발행일** | 2020년 4월 6일 |
| **ISBN(전자책)** | 979-11-970070-1-9 |
| **지은이** | 이레이다 |
| **편집 및 디자인** | 이레이다 |
| **출판사** | 전기장판 |
| **홈페이지** | https://leidalee.com |
| **문의** | naralada@gmail.com |